Schriften
des
Vereins für Sozialpolitik.

Untersuchungen über Konsumvereine.

Herausgegeben von

C. J. Fuchs und R. Wilbrandt.

150. Band.

Die Konsumvereinsbewegung in den einzelnen Ländern.

Vierter Teil.

Die Konsumvereinsbewegung in Deutschland.

Verlag von Duncker & Humblot.
München und Leipzig 1924.

Die Konsumvereinsbewegung in Deutschland.

Von

Theodor O. Cassau.

Verlag von Duncker & Humblot.
München und Leipzig 1924.

Altenburg (Thür.)
Piererſche Hofbuchdruckerei
Stephan Geibel & Co.

Meinem

lieben Lehrer und verehrten Freunde

Robert Wilbrandt.

Inhaltsverzeichnis.

Vorbemerkung des Verfassers.

Die vorliegende Darstellung des deutschen Konsumvereinswesens lehnt sich eng an meine Schilderung des englischen (Bd. 150 I) an, deren Abschluß im Frühjahr 1914 die Vorarbeiten für diese Schrift unmittelbar folgten. Der wesentliche Teil der Quellenstudien und der Reisen sowie der sonstigen persönlichen Fühlungnahme mit der deutschen Konsumvereinsbewegung, die der Arbeit zugrunde liegen, erfolgte in den Jahren 1910—1915. Soweit es seitdem möglich war, habe ich versucht, die alte persönliche Fühlung mit der Bewegung aufrecht zu erhalten. Die literarischen Grundlagen für das Buch bilden die nicht übermäßig zahlreichen wissenschaftlichen Darstellungen des deutschen Genossenschaftswesens sowie die Veröffentlichungen der Verbände und der einzelnen Vereine (Jubiläumsschriften und Jahresberichte). Wichtiger als diese schriftlichen Quellen war jedoch die persönliche Anschauung, die sich aus meiner Tätigkeit als Redakteur an der „Konsumgenossenschaftlichen Rundschau" und später aus den für diese Untersuchung gemachten Studienreisen ergab. Auch die Führung der 100 deutschen Genossenschafter durch die englische Genossenschaftswelt im Sommer 1913 gab anläßlich der Debatten über das, was man in England sah, reichlich Gelegenheit, in die deutsche Konsumvereinspraxis hineinzusehen.

Die Absichten, die ich mit der Schilderung der deutschen Bewegung verfolge, sind wesentlich andere als die des Buches über die englischen Konsumgenossenschaften. Damals galt es, die englische Konsumgenossenschaftsbewegung mit ihrer alten geschäftlichen und genossenschaftlichen Erfahrung und ihrer geschäftlichen Überlegenheit über die deutschen Vereine zu schildern. Es sollte in erster Linie dem deutschen Konsumvereinspraktiker, der nach dem beispiellosen großen Aufschwung der deutschen Bewegung in einem gewissen Ruhestadium nach Vergleichsmöglichkeiten umschaute, das Positive und Negative der englischen Bewegung gezeigt werden. Daneben sollte dem Volkswirt, dem Verwaltungsbeamten, dem Soziologen ein Stück Wirtschaftsdemokratie vorgeführt werden. Bei einer Darstellung der deutschen Konsumgenossenschaftsbewegung, die im Jahre 1923 geschrieben wird, stehen ganz andere Probleme und andere Absichten im Vordergrunde. Wenn auch die Reaktion gegen den Gefühlssozialismus der Revolutionszeit sowie Deutschlands wirtschaftliche Zerrüttung dem Sozialisierungsgedanken viel von seiner früheren Anziehungskraft genommen haben, so braucht die deutsche Arbeiterschaft, deren sozialistische Ideale heute zum Teil zertrümmert sind, und die doch auf Grund ihrer Stellung im Wirtschaftsleben der Vertreter des Sozialismus bleiben muß, mehr als je eine Prüfung und Erforschung der wirtschaftlichen Zukunftsmöglichkeiten sozialistischer Wirtschaftsorganisation. Gerade durch die Entwicklung der Sozialisierung in den Jahren 1919—1921 ist die Konsumgenossenschaft das wichtige, das große wirtschaftliche Experiment des Sozialismus geworden. Leidenschaftslos und kritisch Stärken und Schwächen dieser Entwicklung zu beleuchten, ist die wesentliche Aufgabe. Daneben soll ein systematischer Querschnitt durch die heutige Bewegung gegeben werden.

Dieser Querschnitt muß anders genommen werden als durch die englische Bewegung vor zehn Jahren. In dem englischen Bande galt es, eine Bewegung zu schildern, die 50 Jahre ununterbrochener Entwicklung hinter sich hatte. Ähnlich war für diesen Abschnitt geplant, die sehr viel jüngere deutsche Bewegung zu untersuchen und ihre Entwicklungstendenzen festzustellen. Die deutsche Genossenschaftsentwicklung ist jedoch nur bis zum Kriege normal verlaufen und hat seitdem entweder unter den Kriegswirkungen oder später unter den Demobilmachungs- und Inflationsstörungen gelitten. Für eine Bearbeitung der Konsumgenossenschaften, die das wesentliche und Bleibende zu erfassen sucht, und nicht auf die Tagesfragen gestellt ist, müssen die Jahre bis zum Kriege wichtiger sein, als die letzten Ereignisse. Es sind in der folgenden Darstellung die Geldentwertungsfolgen für die Genossenschaftsbewegung daher nur gestreift worden.

Die statistische Bearbeitung der neuesten Entwicklung hat überdies unter den dauernden Veränderungen des Geldwertes gelitten. Soweit Wertangaben überhaupt benutzt worden sind, sind die der Jahresstatistik von 1921 zugrunde gelegt worden, weil dieses Geschäftsjahr immerhin eine leidliche Stabilität der Preise aufweist, so daß man sehr grob gerechnet, durch eine Division der Ziffern durch 10 ungefähr auf Goldmarkwerte kommt. Durch diese Unsicherheit der Zahlen und die anormalen Verhältnisse der letzten Jahre ist auch die privatwirtschaftliche Untersuchung der Vereine sehr gehemmt worden. Dazu traten die Rücksichten auf die Finanzen des Vereins für Sozialpolitik, die eine möglichste Kürzung gegenüber dem ursprünglich geplanten Umfang angebracht erscheinen ließen.

Historische Einleitung.

Die historische Einleitung kann bei diesen Absichten in keiner Weise den Anspruch erheben, eine Geschichte der deutschen Konsumgenossenschaftsbewegung geben zu wollen, um so weniger, als zwischen der Durcharbeitung gerade der historischen Quellen und der Abfassung des Buches acht Jahre anderer Berufsarbeit lagen und die Zeit für eine Geschichte der Konsumgenossenschaftsbewegung dem Verfasser in keiner Weise zur Verfügung stand. Was hier gegeben werden soll, ist die große Linie der Entwicklung, die zum Verständnis des Bestehenden, zu seiner kritischen Beurteilung unbedingt nötig ist. Die Einleitung wird daher keine neuen Tatsachen bringen und wird auch nirgends über die bisherigen historischen Darstellungen hinausgehen, sondern versuchen, die Entwicklungslinie möglichst knapp darzustellen.

Wirtschaftliche und geistige Grundlagen der Bewegung.

Die industrielle Entwicklung hat in Deutschland erst um die Mitte des Jahrhunderts eingesetzt. Im Jahre 1843 war Preußen noch im wesentlichen Agrarstaat. In den folgenden Jahren begannen die Leiden und Klagen der von der Industrie bedrängten Handwerker, und in den fünfziger Jahren wurde der Grundstock zum heutigen Industriestaat gelegt. Die sechziger Jahre brachten eine Arbeiterbewegung, zunächst im Zusammenhang mit den bestehenden politischen Strömungen, rasch aber eine und schließlich zwei selbständige Arbeiterparteien, Lassalleaner und Eisenacher.

Mit vier Namen ist die Entwicklung der Konsumvereine in dieser Zeit verbunden, Victor A. Huber, Hermann Schultze-Delitzsch, Eduard Pfeiffer und Ferdinand Lassalle.

Victor A. Huber war Universitätsprofessor, tief religiös, von konservativer Grundgesinnung, aber sozial sehr stark interessiert. Er hatte den Vorzug, in Genossenschaftsfragen aus eigener Anschauung zu reden; denn er hatte die westlichen europäischen Staaten bereist und schilderte, was er gesehen hatte, und was er später auf Grund der so gewonnenen Beziehungen aus literarischen Quellen erfuhr, in zahlreichen Zeitschriftenartikeln. Huber war ein feiner, kluger Kopf, dem jedoch die Fühlung mit den Arbeitern völlig fehlte. Seine theoretischen Schriften waren nicht sehr klar, geschweige denn populär, und die Beziehungen zwischen diesem tief religiösen, sozial-konservativen Mann und einer Arbeiterschaft, die überhaupt erst begann, nachzudenken und zu lesen, konnten unmöglich engere werden. Huber ist wohl unter den deutschen genossenschaftlichen Schriftstellern einer der wenigst gelesenen, obwohl sein Name in jedem, auch dem knappsten Versuch geschichtlicher Darstellung erwähnt ist.

Ganz anderer Art als Huber ist Hermann Schultze-Delitzsch, der im Jahre 1849 als Einundvierzigjähriger mit der praktischen Arbeit begann und bald auch eine literarische Wirksamkeit entfaltete. Er trat in die genossenschaftliche Arbeit ein, nachdem er der Preußischen Nationalversammlung angehört, nachdem er viele Jahre hindurch in zahlreichen liberalen Veranstaltungen mitgewirkt hatte. Nach seiner ganzen Entwicklung durchaus ein Politiker und Organisator, der auf den kleinen Mann eingestellt war.

Es war zeitweise beliebt, den alten und den jungen Schultze einander gegenüberzustellen und mit Hilfe von Zitaten aus seinen Schriften seine ursprüngliche konsumgenossenschaftliche Theorie zu zeigen. Demgegenüber seien zunächst einige Tatsachen festgestellt: Schultze war, als er seine genossenschaftliche Wirksamkeit begann, aus dem Schwabenalter heraus. Er war seit Jahren als fortschrittlicher Politiker tätig gewesen. Schmoller sagt, er war der Mann der Volksversammlung, weniger der Vertreter seiner Partei im Parlament, noch weniger aber war er Theoretiker, sondern ein schreib- und redelustiger Praktiker. Infolgedessen soll man nicht die Zitate analysieren oder die Stellen von der Spitze des Systems usw. zitieren, sondern die wichtigsten Schriften von Schultze im Zusammenhang lesen. Dann ergibt sich folgendes Bild: Ein warmherziger Mensch, aufgewachsen in der Kleinstadt und in kleinstädtischen Verhältnissen. Er sieht die Folgen der wirtschaftlichen Umwälzung, er ist liberal, gegen Zünftelei, für freies Spiel der Kräfte, aber doch kein reiner Manchestermann. Glänzender Organisationspraktiker, der er war, fühlte er wohl instinktiv die Bedeutung des Selbstgeschaffenen und Selbsterworbenen und die Gefahr der Subventionierung und Bevormundung für jede Massenbewegung, aber er sah, wie Schmoller (Schmollers Jahrbuch 1884, Seite 606) in seinem Nachruf als besonders charakteristisch für ihn hervorhebt, nie den tiefen prinzipiellen Gegensatz, der ihn von den wirtschaftlichen Individualisten schied, sah nie das spezifisch sozialistische in der Genossenschaftsbewegung und fand daher auch nicht das Verständnis für Lassalle auf der einen und den preußischen Staat auf der anderen Seite. Schultze sah das Aufsteigen des Großbetriebes, aber nur halb dessen soziale Folgen, und verstand nicht die eigentlichen Arbeiterinteressen. Er sah ganz richtig, die Folgen der freien Konkurrenz lassen sich nicht durch irgendwelche staatlichen Maßnahmen aus dem Wege schaffen, aber er sah nicht die Notwendigkeit, deshalb die Verkäufer der Arbeitskraft zusammenzuschließen, sondern er suchte die Rettung in einer Stärkung ihrer Kapitalbasis, trieb also typische Handwerker- und nicht Arbeiterpolitik. So arbeitete er bereits ein bis zwei Jahrzehnte vor der Gründung der ersten deutschen Gewerkschaften, aber es fehlte ihm die wirtschaftliche und theoretische Schulung. Zu seinen Mitteln gehören unter anderem auch die Konsumvereine, die im Assoziationsbuch hinter den Krankenkassen und viel kürzer als diese abgehandelt werden. Bei dieser Sachlage ist es falsch, aus ein paar Worten, die aus dem Zusammenhang gerissen sind, nun die Bedeutung der Konsumvereine im Schultzeschen Genossenschaftsgebäude konstruieren zu wollen. Er hat die Dinge anfangs nicht richtig gesehen, aber die Entwicklung seiner Bewegung zu der Kreditgenossenschaftsbewegung ist absolut logisch und hat wohl auch am allerwenigsten die klarer blickenden Zeitgenossen (Friedrich Albert Lange) irgendwie in Erstaunen gesetzt.

Schultze-Delitzsch ist trotz aller Einschränkungen eine höchst bedeutsame Erscheinung, und gerade ein Vergleich mit den christlichen Sozialisten, die ungefähr zu gleicher Zeit mit ihm in England an der gleichen Aufgabe arbeiteten, zeigt das sehr klar. Jeder der fünf Leute, Kingsley, Maurice, Hughes, Vansittart Neale, Ludlow, war theoretisch wohl bedeutender als Schultze, und doch führten sie einen tragischen Kampf gegen die Entwicklung, während Schultze mit seiner geringeren theoretischen Bildung und Erkenntnis die unendlich viel größere praktische Bedeutung gewann. Es ist beliebt, in den Gegenüberstellungen von Lassalle und Schultze Lassalles theoretische Überlegenheit zu betonen. Gewiß waren Schultzes volkswirtschaftlich-theoretische Kenntnisse aus unzureichenden Quellen (Bastiat) mit unzureichenden Mitteln geschöpft, aber in dem Streit mit Lassalle über die Konsumvereine hat er in jeder Beziehung viel tiefer und viel besser gesehen als sein Gegner; gerade, wenn man Schultze kritisch sieht, wird man seine großen positiven Leistungen und

Verdienste anerkennen und sich darüber klar sein, daß die Konsumgenossenschaft ihm nie etwas Wesentliches bedeutete, und daß er sich von ihr auch nie abwenden konnte, weil eben seine Beziehungen zu ihr von Anfang an viel zu lose waren.

Eduard Pfeiffer, der große süddeutsche Konsumvereinsführer der sechziger Jahre, hat in einem anderen Heft dieses Bandes eine eingehende Darstellung gefunden. Pfeiffer steht zwischen Huber und Schultze-Delitzsch. Mit Huber teilt er die umfassenden Kenntnisse und die Auslandserfahrungen. Im Gegensatz zu ihm war er wie Schultze ein Praktiker, der selber gründete und führte, und trotz dieser glücklichen Verbindung praktischer Fähigkeiten und theoretischer Erkenntnis und trotz der Gabe, seine sozialpolitisch großzügigen, durchaus nicht auf bessere Wohltätigkeit eingestellten Gedankengänge gut auszudrücken, blieb es bei einer kurzen Gastrolle in der Bewegung. Für eine proletarische Konsumvereinsbewegung war kein Boden, einen Rückhalt an Parteifreunden usw. hatte er nicht, wohl aber die Gegnerschaft des mächtigen und führenden Schultze-Delitzsch-Kreises.

An diesem mangelnden Interesse der Arbeiter war nicht zuletzt die politische Entwicklung der sechziger Jahre schuld, die durch Ferdinand Lassalle bestimmt wurde. Er lehnte unter Berufung auf das eherne Lohngesetz die Konsumvereine prinzipiell ab; für ihn war das Ziel die große Produktivgenossenschaft mit Staatskredit, die die industrielle Produktion im großen betreibt. Mit seiner Gründung des Allgemeinen Deutschen Arbeitervereins begann die deutsche Sozialdemokratie; sie erfaßte den organisationsfähigen Teil der Arbeiterschaft und nahm einer proletarischen Konsumvereinsbewegung den Boden, denn die Lassalleaner waren ausgesprochen konsumvereinsfeindlich. Die politische Abneigung gegen die Fortschrittsmänner, die in den Konsumvereinen arbeiteten, trat hinzu. Im Karl Marxschen System spielten die Konsumvereine keine Rolle. So fehlte ihnen für Jahrzehnte die Arbeiterbasis. Demgegenüber ist es ganz unerheblich, daß in den ersten Vereinen ein paar Arbeiter mit Handwerkern und Doktoren zusammenarbeiteten. In Süddeutschland mit seinen schwächeren Klassengegensätzen, in Gebieten mit liberaler Arbeiterschaft konnte derartiges weiterleben. Die politisch aktiven Arbeiter standen der Bewegung fern. Der liberale Schultze-Delitzsch konnte sich gegen die Sozialdemokratie mit Hilfe seiner Parteifreunde noch halten, der konservative Huber und der Konsumvereinstheoretiker Pfeiffer konnten ebensowenig einen Boden finden, wie etwa Professor Staudinger vor der Konsumvereinsentwicklung um die Jahrhundertwende einen Boden gefunden hätte.

Die Entwicklung der Konsumgenossenschaften.

Von Sparvereinen und ähnlichen Einrichtungen auf der Grenze zwischen Wohlfahrt und Wohltätigkeit abgesehen, die mit der Konsumvereinsbewegung nichts gemein haben, bildet das erste Zeichen einer Konsumvereinsentwicklung wohl die 1845 in Chemnitz erfolgte Gründung der „Ermunterung", eines kleinen Produktenverteilungsvereins, der für seine geschlossene Mitgliederzahl den gemeinsamen Einkauf ohne Lager und ohne Betrieb vornahm. Göhre hat ihn in seinem Buch „Die Arbeiterkonsumvereine" eingehend geschildert. Das Jahr 1848 brachte dann in Verbindung mit der Berliner Arbeiterverbrüderung allerhand Konsumvereinsgründungen in Berlin, über die Eduard Bernstein in seiner „Geschichte der Berliner Arbeiterbewegung" berichtet. Das Interessanteste davon ist eine Broteinkaufsgenossenschaft. Wie weit die Einkaufsgenossenschaften für Kleidung und für Zigarren wirklich gelebt haben, läßt sich leider nicht mehr feststellen. 1852 entstand in Hamburg die „Gesellschaft zur Verteilung von Lebensbedürfnissen" und zugleich eine kleine Konsumgenossenschaft in Delitzsch, die nicht von Schultze, sondern nach dem Muster der von ihm begründeten anderen Genossenschaften von Delitzscher Bürgern errichtet wurde. In den folgenden Jahren erfolgten weitere Gründungen. Etwas lebhafter wurde diese Gründungstätigkeit jedoch erst in den sechziger Jahren. Arbeiter, Handwerker und wohl auch solche Angehörige der intellektuellen Schichten, die in wohltätigen und Wohlfahrtsbestrebungen überhaupt mitarbeiteten, waren an den Gründungen beteiligt. Bei diesen wurde mit vieler Unklarheit experimentiert, wenn auch die Handbücher von Pfeiffer, Eugen Richter und die „Blätter für Genossenschaftswesen" bald einen Anhalt für die Gründer boten. Die Statistik des Allgemeinen Verbandes beginnt mit 1864. Für dieses Jahr waren Schultze-Delitzsch 97 Vereine bekannt, von denen 38 mit 7700 Mitgliedern und 800000 Mk. Umsatz zu einer Statistik berichteten. 1868 waren es über 500 Vereine, von denen jedoch nur 75 mit 33600 Mitgliedern und 6,4 Millionen Mark Umsatz berichteten. 1871 berichteten von über 800 Vereinen 147 mit 64500 Mitgliedern und 13,5 Millionen Mark Umsatz und 1875 von 1000 Vereinen 179 mit 98000 Mitgliedern und 22,7 Millionen Mark Umsatz. In den nächsten Jahren bewegten sich die Angaben um 2000 Vereine und 100000 Mitglieder mit 30 Millionen Mark Umsatz.

Besonders starke Verbreitung hatte die Bewegung im damaligen Königreich Sachsen und in Rheinland-Westfalen.

Während in den siebziger Jahren der aktive Teil der Arbeiterschaft ohne jedes Interesse für die Konsumvereinsbewegung war, zeigten sich kleine Änderungen in den achtziger Jahren. Die sächsische Arbeiterschaft, durch das Sozialistengesetz in gewerkschaftlicher und politischer Betätigung gehemmt, begann sich für die Konsumvereine zu interessieren, in größeren Massen die Mitgliedschaft zu erwerben und eigene Vereine zu gründen. Das spiegelt sich auch rasch in den Verhandlungen des Allgemeinen Genossenschaftstages wieder, auf dem man sich schon 1884 eingehend über das Eindringen der Sozialdemokraten in die Konsumvereine unterhielt. Eine Folge dieser stärkeren Betätigung der Arbeiter in der Konsumgenossenschaftsbewegung war dann im Jahre 1894 die Gründung des Konsumvereinsverbandes „Vorwärts" in Sachsen, die später in den Streitigkeiten eine große Rolle spielte, weil in einem vorbereitenden Rundschreiben davon die Rede war, daß die Leiter der bestehenden Verbände „einer veralteten politischen Strömung angehören". Diese Betätigung sächsischer Sozialdemokraten erfolgte ohne irgendeine „rote Konsumvereinstheorie", ganz instinktiv aus dem Gefühl der Masse heraus; daß sich sehr schnell ein Bedürfnis nach organisatorischer Selbständigkeit einstellte, daß man nicht mit denselben Mittelständlern, mit denen man im erbitterten Kampfe stand, gemeinsam die Genossenschaften organisieren wollte, ist gerade bei den politischen Verhältnissen Sachsens verständlich. Die heftige Bekämpfung der sächsischen Konsumvereine durch die Mittelständler führte dann zeitweilig zu einer gewissen Annäherung unter den Konsumvereinen aller Richtungen, und der Übertritt des Verbandes „Vorwärts" zum sächsischen Unterverband des Allgemeinen Verbandes wurde erörtert. Auch in dieser Zeit ergaben sich wieder Debatten über die Tätigkeit der Sozialdemokraten in den Konsumvereinen. Im ganzen war aber das Verhältnis zwischen den Konsumvereinspraktikern der beiden politischen Richtungen gut und reibungslos. Das wichtigste Ergebnis dieser sächsischen Bewegung ist die Gründung der Großeinkaufsgesellschaft im Jahre 1893, die jedoch zunächst keinerlei weitere Beachtung fand.

Mitte der neunziger Jahre begann dann eine zielbewußte Konsumvereinspropaganda intellektueller Schichten. Die Broschüre von Adele Gerhard erschien, Leo Arons und andere setzten sich für die Konsumgenossenschaften ein, zunächst ohne Erfolg. Der Wandel stellt sich erst um die Jahrhundertwende ein.

Es erfolgten nun zahlreiche Neugründungen. Daneben begannen die Arbeiter in den Orten, in denen bereits Konsumvereine existierten, an denen die sozialdemokratische Arbeiterschaft nicht beteiligt war, sich für diese Vereine zu interessieren, und versuchten, Einfluß auf die Geschäftsführung zu erhalten. Obwohl die deutsche Konsumvereinsbewegung in dieser Zeit ganz anders als die englische in ihren Sturm- und Drangjahren in der Schriftleitung der Großeinkaufsgesellschaft und ihrem Wochenbericht eine starke, zielbewußte Führung hatten, ließ es sich nicht vermeiden, daß sowohl bei den Gründungen als auch bei den Eroberungen „bürgerlicher Vereine“ hie und da unklug gehandelt wurde. Der Drang zur konsumgenossenschaftlichen Organisation setzte in der Arbeiterschaft plötzlich mit so ursprünglicher Kraft auch ohne Agitation ein, daß es ganz unmöglich war, die Bewegung überall und in allen einzelnen kleinen Teilen im Rahmen dessen zu halten, was die Leitung und die erfahrenen ruhigen Genossenschafter wünschten. Die Folge war, daß in den Vereinen des allgemeinen Verbandes sich eine erhebliche Nervosität einstellte, die auch eine kritische Einstellung gegen die „Hamburger Richtung“ überhaupt zur Folge hatte. Die Großeinkaufsgesellschaft und alles, was damit zusammenhing, wurde jetzt plötzlich sehr kritisch beurteilt. Die Leitung des Allgemeinen Verbandes sah überall bedenkliche Erscheinungen und schwieg über das Positive der Hamburger Richtung, das die alten Praktiker vorher reichlich anerkannt hatten. Den Anstoß zu allem gab wohl die Ende des Jahrhunderts auf ganz großer Basis erfolgte Gründung des Hamburger Spar- und Konsumvereins „Produktion“, die in mancherlei Hinsicht in der deutschen Bewegung eine ähnliche Rolle gespielt hat wie für England die Gründung der Rochdaler Pioniere ein halbes Jahrhundert früher.

Der Allgemeine Verband Deutscher Erwerbs- und Wirtschaftsgenossenschaften mußte durch diese Entwicklung nach seiner ganzen Zusammensetzung nervös werden. Er hatte sich mehr und mehr zu einem Verband der Kreditgenossenschaften entwickelt, der als alles umfassender Verband auch die Konsumgenossenschaften zu seinen Mitgliedern zählte, aber einmal sehr kleinbürgerlich eingestellt war, wie sich das aus der starken Beteiligung der Kreditgenossenschaften von selbst ergab, und andererseits die Konsumgenossenschaften als eine ziemlich untergeordnete soziale Einrichtung einschätzte. Typisch hierfür sind wohl die Ausführungen von Dr. H. Crüger auf dem allgemeinen Verbandstage 1894 (Seite 149), wonach es in Deutschland weite Gebiete ohne Konsumvereine gäbe, weil solider Kleinhandel eine Entwicklung der Konsumvereine unmöglich machte. Dieser geistigen Einstellung mußte eine Konsumvereinsbewegung, wie sie jetzt entstand, die sich als große soziale Bewegung empfand und unsere ganze Wirtschaftsstruktur verändern wollte, unsympathisch sein, gleichgültig, ob Sozialisten oder Demokraten darin tätig waren. Weiter mußte diesen kleinbürgerlichen Genossenschaftern eine Bewegung, in der die sozialdemokratisch organisierten Arbeiter führend waren, zuwider sein, obwohl sie sich ganz neutral hielt und nirgends nach dem belgischen Beispiel eine Verkuppelung von Konsumverein und Partei herbeiführte. Während nationalsozial eingestellte Schichten sich über diese praktische Tätigkeit der Arbeiterschaft freuten und in jeder Weise versuchten, diese Entwicklung zu unterstützen, sahen die Führer des Allgemeinen Verbandes nur das Trennende und nicht das Gemeinsame, nur die Mängel und nicht die positiven Qualitäten dessen, was wurde. Ein dem Allgemeinen Verband sehr nahestehender Sozialpolitiker hat in späteren Jahren auf die Kritik, die die „Blätter für Genossenschaftswesen" an der Hamburger Richtung übten, das Bild von der Henne angewendet, die entsetzt am Ufer auf und ab läuft, weil die von ihr ausgebrüteten Enten ins Wasser gehen, und dieses Bild kennzeichnet vielleicht am besten die Situation um und nach 1900. Die alte Bewegung verstand weder die neuen Genossenschafter noch die Arbeiter in den Genossenschaften. Ein weiteres Zusammenarbeiten war unmöglich, und eine Lösung der Schwierigkeiten hätte in irgendeiner Form erfolgen müssen. Da man sich während des Krieges im freien Ausschuß zusammengefunden hat und neuerdings der Allgemeine Genossenschaftsverband seine Konsumvereine sämtlich an den Zentralverband abgegeben hat, ist es heute nicht mehr so nötig wie vor Jahren, die Trennungskatastrophe in ihren Einzelheiten zu schildern und die theoretische Auffassung beider Teile kritisch wiederzugeben. Die Hamburger Richtung stützte sich wohl zu stark auf den „jungen" Schultze-Delitzsch und entwickelte hier Theorien, die nicht ganz haltbar waren. Im großen und ganzen war sie jedoch gerade für das Stadium, in dem sich die Bewegung damals befand, außerordentlich besonnen, klar und zielbewußt und bot keinerlei Anlaß zu irgendwelchen begründeten

Angriffen. Daß hier und da ein Redner etwas ungeschickt sprach, und daß mitunter die Praxis etwas anders ausschaute, als man es in der Zentrale wünschte, ist natürlich, und wenn man heute zurückschaut und die Dinge übersieht, muß man staunen, wie geringfügig in politischer, genossenschaftspolitischer und wirtschaftlicher Hinsicht die Entgleisungen der deutschen Konsumvereine während ihrer Sturm- und Drangzeit waren.

Es bestanden für den Allgemeinen Verband zwei Möglichkeiten: entweder wandelte er sich in eine Föderation von Genossenschaftsverbänden um, die die allgemeinen Interessen der gesamten Genossenschaftsbewegung, insbesondere auf gesetzgeberischem Gebiete, wahrnahm und organisierte Kredit-, Bau-, Produktiv- und vor allem Konsumgenossenschaften in diesem Rahmen selbständig, oder er mußte eine friedliche Trennung zwischen Konsumgenossenschaften und Kreditgenossenschaften herbeiführen. Die Leitung hielt es in dieser kritischen Zeit jedoch für angebracht, die Organisation des Kleinhandels in Einkaufsgenossenschaften in den Vordergrund zu schieben. Nach der Schaffung von fachlich getrennten Unterverbänden und einer gewissen Beruhigung wäre es in einigen Jahren wohl gut möglich gewesen, in diesem Rahmen auch die Einkaufsgenossenschaften der Kolonialwarenhändler zusammenzufassen. Eine derartige Verbindung brauchte von den Konsumgenossenschaften nicht abgelehnt zu werden, denn sie hätte den Detaillisten in ihrem Kampf gegen die Konsumvereine recht erhebliche Beschränkungen auferlegt. In diesem Zeitpunkt diese Meinungsverschiedenheiten mit der neuen Konsumvereinsrichtung durch die genossenschaftliche Organisation der Kleinhändler herbeizuführen, war entweder Ungeschicklichkeit oder bewußte Provokation. Wenn es das letztere war, so war es erfolglos, denn den Konsumgenossenschaften der neuen Richtung lag durchaus nichts an einer voreiligen Lösung. Sie wollten trotz aller Mißhelligkeiten möglichst lange im Allgemeinen Verband bleiben, um bei einer später erfolgenden Trennung die Konsumvereine organisatorisch möglichst geschlossen zu halten. Auf der anderen Seite sah man diese Taktik klar und suchte wohl in einer gewissen Überschätzung des Tempos der Entwicklung 1902 in Kreuznach die Entscheidung sehr plötzlich durch den Ausschluß von etwa 100 Konsumvereinen aus dem Allgemeinen Verband herbeizuführen. Begründet wurde dieser Beschluß offiziell damit, daß diese — ziemlich willkürlich zusammengesuchten — Konsumvereine nicht die Interessen des Allgemeinen Verbandes wahrgenommen hätten. Doch in der dem Allgemeinen Verband nahestehenden Tagespresse wurde der Vorfall allgemein als ein Kampf gegen das Vordringen der Sozialdemokraten behandelt. Mit diesem Ausschluß war die Notwendigkeit zur Gründung eines eigenen Konsumvereinverbandes, die im Jahre darauf 1903 in Dresden stattfand, gegeben. Die bisherige Schriftleitung der Großeinkaufsgesellschaft wurde in das Sekretariat dieses neuen Zentralverbandes umgewandelt, ihr Blatt, der „Wochenbericht", in das wöchentlich erscheinende Fachblatt des Verbandes, die „Konsumgenossenschaftliche Rundschau". Im folgenden Jahrzehnt entwickelte sich die Bewegung im lebhaftesten Tempo, ohne daß der Kampf der Behörden und der Kleinhändler ihr wesentlich schaden konnte.

Im Kriege fielen dann auf der einen Seite zahlreiche Schranken. Alles, was im öffentlichen Dienst stand und vorher gewaltsam von der Mitgliedschaft zurückgehalten war, konnte sich jetzt den Konsumvereinen anschließen. Andererseits brachte die Zwangswirtschaft mit dem Schleichhandel eine Fülle neuer Schwierigkeiten; die Konsumvereine konnten sich am Schleichhandel nicht beteiligen, wurden so in ihren Tätigkeitsgebieten immer weiter eingeschränkt und konnten mit den behördlich festgesetzten Aufschlägen nicht immer gut auskommen, da die Gemeinden vielfach ihre Grossistenaufschläge auf Kosten der Detaillistenaufschläge unbillig vregrößerten. Zur Heeresversorgung wurden sie trotz Burgfrieden viel schwächer herangezogen als die z. T. schwächere Bewegung anderer Länder. Von größerer Bedeutung war nur die Fleischkonservenfabrik der „Produktion". Nach dem Kriege brauchten sie eine ganze Zeit, bis sie sich von all diesem erholt hatten, und als sie ihre Tätigkeit nun, frei aller Fesseln, im großen aufzubauen beginnen wollten, trat der aus der Geldentwertung hervorgehende Kapitalmangel ein.

Eine statistische Darstellung der Bewegung ist in Abschnitt 6 gegeben. Es möge daher hier eine kurze Skizze des gegenwärtigen Standes der Bewegung genügen. Die Vereine können im allgemeinen auf ein Alter von reichlich 20 Jahren zurückblicken. Auch in den älteren Vereinen ist die heute wesentliche Entwicklung erst 20 Jahre alt. Nach Größe und Geschäftsumfang sind die Genossenschaften sehr verschieden; neben dem kleinen Dorfkonsumverein, der durchaus dem üblichen Dorfkrämer entspricht, gibt es Riesenunternehmungen mit Hunderten von Läden, die sich über weite Strecken ausdehnen. Zwischen beiden Typen existieren zahlreiche Mittelstufen. Es gibt den kleinen Dorfkrämerverein, den reinen Lebensmittel-Konsumverein mit Bäckerei der Klein- und

Mittelstadt. Dieser hat sich bereits vielfach ein Manufakturwarengeschäft und einen Schuhladen zugelegt. Der großstädtische Verein stellt zum Teil nur eine Vergrößerung dieses Typus in großem Ausmaße dar, zum Teil bildet er jedoch ein Unternehmen, das den großen deutschen Warenhäusern vergleichbar ist, wenn auch sein Arbeitsbereich etwas anders gestaltet ist. Daneben steht in verschiedenen Stadien der Entwicklung und der Größe der Bezirkskonsumverein. Von der Einbeziehung der Kleinstadt und des Dorfes der Umgebung bis zur Umspannung großer Teile des Industriegebietes in Rheinland-Westfalen wie in den Essener und Kölner Vereinen.

I. Die genossenschaftliche Organisation.

Das Genossenschaftsrecht.

Bei Entstehung der deutschen Genossenschaftsbewegung war die einzige ihnen zur Verfügung stehende feste Rechtsform die einer erlaubten Privatgesellschaft nach dem Allgemeinen Landrecht, die für einen Geschäftsbetrieb völlig unzureichend war. Schultze-Delitzsch arbeitete daher 1860 den ersten Entwurf eines Genossenschaftsrechtes aus, jedoch erst im März 1869 wurde in Preußen ein Genossenschaftsgesetz geschaffen. Die Konsumvereine haben also einige Jahre ohne Gesetz gelebt, doch scheint das für ihre Entwicklung nicht von sonderlicher Bedeutung gewesen zu sein. Einige Vereine haben die Form einer Aktiengesellschaft gewählt. Hier und da ist man auch für den freien Verein eingetreten, doch im großen und ganzen ist für die Konsumvereinsbewegung und ihre Organisation das Genossenschaftsgesetz maßgebend gewesen. Die Vereine konstituierten sich als eingetragene Genossenschaften, seit 1890 — seit die Möglichkeit, eingetragene Genossenschaften mit beschränkter Haftung zu gründen, gegeben war — im allgemeinen als solche. Es kann nicht die Aufgabe dieser Darstellung sein, das Deutsche Genossenschaftsgesetz mit seinen 160 Paragraphen kritisch darzustellen oder auch nur seinen Inhalt zu skizzieren. Es muß hier genügen, festzuhalten, was das Gesetz an allgemeinen Vorschriften für die Organisation des Konsumvereins enthält. Es definiert im § 1 die Genossenschaft als eine Körperschaft zur Förderung des Erwerbs und der Wirtschaft der Mitglieder. Die Genossenschaft und die einzelnen Mitglieder müssen beim Registergericht (Amtsgericht) eingetragen werden, das für die Genossenschaften, ähnlich wie für die eingetragenen Firmen das Handels-, ein Genossenschaftsregister führt. Jeder Genosse übernimmt einen Geschäftsanteil und daneben für den Fall eines Zusammenbruches eine Haftpflicht, für die es drei Formen, unbeschränkte Haftung, unbeschränkte Nachschußpflicht und beschränkte Haftung gibt. Für den Konsumverein kommt seit 1890 nur die dritte Form, die damals geschaffen wurde, in Betracht. An Organen sind ein Vorstand, ein Aufsichtsrat und die Generalversammlung vorgesehen. Von einigen für das Ganze völlig unbedeutenden Vereinen mit primitiver Demokratie abgesehen (das Glanzstück der deutschen Konsumvereinsbewegung in dieser Richtung ist wohl die „Neue Gesellschaft" in Hamburg gewesen, aber auch in einigen anderen Vereinen hatte man statt Wahl von Ausschußmitgliedern im Anfang Reihedienst, damit jeder den Betrieb kennen lernte) ist diese Dreiteilung der Organisation sehr früh eingetreten. Obwohl der Aufsichtsrat erst seit 1881 obligatorisch ist, haben die Vereine schon vorher im allgemeinen einen Aufsichtsrat besessen, dessen Errichtung allgemein empfohlen wurde.

Vorstand.

Nach dem Gesetz muß der Vorstand aus mindestens zwei Mitgliedern bestehen. Ihre Bestallung ist unbeschadet der vertraglichen Rechte bei hauptamtlich tätigen Vorstandsmitgliedern jederzeit widerruflich. Tatsächlich zählen die Konsumvereinsvorstände im allgemeinen drei Mitglieder, in größeren Vereinen auch vier bis fünf. Darüber hinaus geht es nur in Ausnahmefällen. Auch das Nebeneinanderarbeiten von besoldeten und unbesoldeten Vorstandsmitgliedern in größeren Vereinen ist eine Ausnahmeerscheinung. Im kleinen Verein, in dem zunächst nur eine hauptamtlich tätige Kraft möglich ist, sind die beiden anderen nebenamtlich oder ehrenamtlich tätig. Im großen Verein ist jedoch die hauptamtliche Anstellung aller leitenden Kräfte unbedingte Regel.

In früheren Zeiten sprach man vom Geschäftsführer, Kontrolleur und Kassierer. Das kommt jetzt allmählich ab. Die drei Vorstandsmitglieder werden als Geschäftsführer bezeichnet. Trotzdem ist im allgemeinen die Einteilung so, daß einer den Einkauf besorgt und die Gesamtleitung hat, einer Buchhaltung und Finanzen und der Dritte je nach Größe und Eigentümlichkeiten des Vereins, sowie der persönlichen Qualitäten der Geschäftsführer Verkaufsorganisation, Produktivbetrieb usw. leitet. Doch hängt diese Einteilung sehr stark von den Anforderungen des Vereins und den persönlichen Eigenschaften ab. Charakteristisch ist fast durchweg die Vorherrschaft einer Persönlichkeit. Wirkliche Kollegien sind relativ selten. Fast durchweg ist einer der Geschäftsführer nicht nur der Repräsentant des Vereins nach außen, sondern auch der Führer in allen Vereinsangelegenheiten, neben dem die Kollegen weit zurücktreten.

Während in der ersten Konsumvereinsentwicklung die Geschäftsführer vielfach, obwohl nicht ausschließlich, Kaufleute waren, ist mit dem Aufschwung nach 1900 das Arbeiterelement in dieser Kategorie führend geworden. Die Arbeiter wurden sowohl bei den Neugründungen als auch bei den alten Vereinen, in denen die Arbeiterschaft sich jetzt betätigte, vorzugsweise in die Aufsichtsräte gewählt, und von dort wurden sie entweder zu Lagerhaltern oder auch direkt in den Vorstand gewählt. Diese Entwicklung hatte zwei Seiten: Man war in manchen Vereinen über die ämterbedürftigen Aufsichtsratsmitglieder recht unglücklich und hat auch mancherlei Vorsichtsmaßregeln getroffen, wie die Bestimmung, daß frühere Aufsichtsratsmitglieder für einen Angestelltenposten erst wählbar sind, nachdem sie dem Aufsichtsrat eine bestimmte Zeit nicht mehr angehört haben. Aber von solchen unerfreulichen Ausnahmeerscheinungen abgesehen, muß man sagen, daß dieses System eine gute Auslese ermöglichte. Der Tischler oder Schlosser, der auf diese Weise hoch kam und die Leitung eines Konsumvereins erhielt, war im allgemeinen ein Mann mit ganz besonderer kaufmännischer und organisatorischer Begabung, der ohne diese eben nicht an diese Stelle gekommen wäre. Das System, einen alten verdienten Mitkämpfer in die gehobene Stellung zu bringen, hat natürlich auch hier und da bestanden, und es hat mancher in seinem Verein eine Rolle gespielt, der er nicht gewachsen war; aber da sich Unzulänglichkeiten im Geschäftsbetrieb sehr rasch in Mark und Pfennig bemerkbar machen, ist Derartiges in Vereinen mit einem wirklichen inneren Leben, von der Sturm- und Drangzeit abgesehen, doch kaum zu verzeichnen gewesen.

In bezug auf Seßhaftigkeit und Wechsel dieser Geschäftsführer sind die Verhältnisse recht verschieden geartet. Eine ganze Anzahl leitender Leute sind in dem Verein groß geworden, an dessen Spitze sie heute noch stehen oder bei Berufung in die Großeinkaufsgesellschaft gestanden haben; andere sind hin und her gezogen, so hat die rasch wachsende rheinisch-westfälische Bewegung eine Anzahl Geschäftsführer aus anderen Teilen, insbesondere aus Sachsen absorbiert; aber trotz dieser Wanderungen hat doch das Wachsen der leitenden Leute mit dem Verein in der ganzen Bewegung eine außerordentliche Bedeutung gewonnen. Ein Austausch mit Gewerkschaften und sozialdemokratischer Partei ist kaum zu beachten. Die Genossenschaftsbewegung hat zwar infolge ihrer raschen Ausdehnung, ihrer größeren Kapitalkraft häufiger Kräfte aus den anderen Bewegungen herausgeholt, aber kaum an sie abgegeben; dagegen haben die Konsumvereine insgesamt unter der starken Absaugung tüchtiger Kräfte durch die Zentralinstanzen gelitten. Je weiter sich die Großeinkaufsgesellschaft ausdehnt, je weiter sie ihre Eigenproduktion ausbaut, um so mehr muß sie bei dem geringen Nachwuchs aus ihrem eigenen Personal tüchtige Geschäftsführer aus der Bewegung herausnehmen und als Leiter ihrer Betriebe anstellen. Eine Abwanderung in den Privatbetrieb hat nur ganz vereinzelt stattgefunden. Die Bewegung hat sehr zeitig, im Jahre 1903 bereits, einen ihrer allerfähigsten Organisatoren an die Margarineindustrie verloren, und dieser Fall hat wohl doch dazu geführt, daß man die guten Kräfte entsprechend behandelte und sich nicht wieder solch spürbaren Verlusten aussetzte.

Mit dem Nachwuchs steht es im allgemeinen schlecht. In der Zeit nach 1900, als die große Begeisterungswelle für die Konsumvereine durch die deutsche Arbeiterschaft ging und bei damals noch geringem Menschenbedarf von Partei und Gewerkschaft tüchtige Leute zahlreich in die ganz Neues bietende Konsumvereinsbewegung eintraten, war eine gute Auslese möglich, und diese organisatorisch und kaufmännisch besonders begabten Menschen wuchsen mit ihren Vereinen auf. Die Möglichkeit zu diesem Aufwachsen fehlt heute. Geschäftsführer aus dem Aufsichtsrat, die den heutigen Aufgaben gewachsen sind, kann man nur in Ausnahmefällen gewinnen, aber auch aus den Abteilungsleitern kommt kein Nachwuchs für leitende Posten. Bei oberflächlicher Betrachtung hat man fast den Eindruck, als ob die ursprünglichen Begabungen für kaufmännische Organisation, die Leute mit Marktgefühl, seltener geworden seien als früher. Tatsächlich wird wohl aber die Bewegung heute einen viel größeren Bedarf haben und deshalb ein gewisses Mißverhältnis zwischen Angebot und Nachfrage entstehen, und andererseits konnten in der ersten Zeit des Wagemuts die vorhandenen Begabungen auch viel rascher hochkommen als in dem späteren ruhigen gefestigten Verkehr. Dazu fehlt es in der Bewegung im ganzen wohl an dem nötigen Verständnis für die Bedeutung der Frage und für die Lösung. In der Zeit der großen Begeisterung drängten die tüchtigen Kräfte in die Bewegung. Diese Begeisterung hat in dem Maße, wie die Bewegung zur Ruhe kam, nachgelassen; man muß heute nicht den Strom regulieren, sondern anregen, die brauchbaren Leute dirigieren, damit sie die nötige Allgemeinausbildung finden. Der Abteilungsleiter des großen Vereins hat nur einen begrenzten Wirkungskreis und eignet sich auf Grund der Ausbildung in diesem begrenzten Kreise nicht ohne weiteres für einen universellen Posten. Will man wirklich Nachwuchs schaffen, so muß man dafür sorgen, daß die begabten Menschen planmäßig durch den Betrieb wandern und eine allgemeine Schulung erhalten. Diese zielbewußte Personalpolitik ist vielen unbequem. Sie belastet den Betrieb mit Kosten für die Zukunft, und sie gefährdet unter Umständen die ruhige Sicherheit des kleinen Mannes, der mit dem Betrieb gewachsen ist und nun fürchtet, daß er von der planmäßigen Förderung intellektuell höher stehender Gehilfen in seiner Stellung Schaden leiden könnte. Es kommt noch hinzu, daß gerade diese Schicht Geschäftsführer auch für die Notwendigkeit der Nachwuchsausbildung nicht das nötige Verständnis hat. Gegenüber diesen praktischen Schwierigkeiten sind alle theoretischen Ausbildungsfragen nebensächlich, wohl aber kann die Weiterbildung der Konsumvereinstheorie, die Stärkung des Bewußtseins, daß die Konsumvereine für die Sozialisierung wesentlich sind, dazu beitragen, neue Kräfte zu gewinnen.

Betrachten wir an dieser Stelle noch einmal die Auslese im ganzen. Nicht jeder, der hoch kam, war der Geeignetste, aber im ganzen kann man doch sagen, daß der Organisator, der gute Einkäufer und nicht der Versammlungsredner von der Woge getragen wurden. Der Aufsichtsrat sah doch unmittelbar Erfolg und Mißerfolg, und die öffentliche Meinung der Bewegung spielte bei Beurteilung und Karriere eine starke Rolle Wenn man mit einer Reihe von Genossenschaftern aus den Vereinen und aus den Zentralinstanzen über zwei oder drei Geschäftsführer sprach, dann hörte man doch übereinstimmend dieselben Meinungen. Der geschickte Finanzmann, der gute Organisator, der geschickte Einkäufer wurden nicht nur anerkannt, sondern auch wegen ihrer geschäftlichen Fähigkeiten gerühmt, und dieses innere Leben der Konsumgenossenschaften, von dem die Öffentlichkeit naturgemäß nichts merken kann, hat die Auslese maßgebend beeinflußt.

In der Konsumvereinsbewegung haben die G e s c h ä f t s f ü h r e r unbedingt die führende Rolle. Sie werden zu allen Tagungen delegiert und bilden, anders als in England, die konsumgenossenschaftliche Öffentlichkeit, während die Aufsichtsräte in der Bewegung insgesamt nur wenig hervortreten. Auch der Einfluß eines Geschäftsführers in seinem Unterverband, im Generalrat, im Aufsichtsrat der Großeinkaufs-Gesellschaft usw. richtet sich durchaus danach, wie er als Geschäftsführer bewertet wird, wie hoch seine Leistungen im eigenen Verein von den Kollegen angeschlagen werden.

Die finanzielle Anerkennung ihrer Tätigkeit war im Laufe der Zeiten wechselnd. In den Vereinen der achtziger Jahre, deren Praxis sich bis in das erste Jahrzehnt dieses Jahrhunderts in der ganzen Bewegung fortsetzte, waren die Geschäftsführer im ganzen recht schlecht gestellt. Die Arbeiter in Mitgliedschaft und Aufsichtsrat fanden, daß der Geschäftsführer, der doch vielfach aus ihren eigenen Reihen hervorgegangen war, dessen Verdienst in der Werkstatt eine Reihe von ihnen noch genau kannte, keinen Anspruch auf eine starke Abweichung seiner Einkünfte von denen der Mitglieder seines Vereines im allgemeinen habe. Zum Teil wurde das in dividendenlüsternen Vereinen, in denen die Rücksicht auf die Rückvergütung für alle Überlegungen maßgebend war, noch übertrieben. In dem Maße, in dem die Vereine zu Großbetrieben wurden, in dem sie die Entscheidung über derartige Fragen in kleinere Gremien legten, besserte sich auch die wirtschaftliche Lage der Geschäftsführer.

Aufsichtsrat.

Das Gesetz schreibt eine Mindestzahl von drei Aufsichtsratsmitgliedern vor, die nicht Beamte oder Angestellte der Genossenschaft sein dürfen, und verbietet infolgedessen auch dauernde Stellvertretung des Geschäftsführers durch ein Aufsichtsratsmitglied. Die Konsumvereine haben jedoch wohl ausnahmslos mehr als drei Mitglieder. Je nach der Größe des Vereins ist der Aufsichtsrat ein kleines Gremium von 7—10 Mitgliedern oder eine große Körperschaft, die sich für die praktische Arbeit bereits in eine Anzahl von Kommissionen auflösen muß. Aus welchen Kreisen kommen die Aufsichtsräte? Das ist recht verschieden nach den allgemeinen sozialpolitischen Verhältnissen der Stadt, in der der Konsumverein besteht. In süddeutschen Vereinen mit ihrer minder ausgesprochenen Klassenscheidung, mit ihrer entgegenkommenderen Haltung der Behörden gegenüber den Konsumvereinen fanden sich vielfach Beamte in den Aufsichtsräten neben Angehörigen der freien Berufe und Arbeitern; in den preußischen Industriegebieten mit der ängstlichen Sorge der preußischen Behörden, daß kein Beamter, nicht einmal eine Reinemachefrau aus einer Behörde, mit einem Sozialdemokraten zusammensitzen durfte, war Derartiges schon deshalb schlecht möglich, andererseits waren in diesen Gebieten auch vielfach die Arbeiter so unbedingt die in den Vereinen allein Tätigen, daß sie auch die Aufsichtsräte ausschließlich aus ihren Reihen besetzten.

In der Zeit der großen Entwicklung um 1900 wurden die Enthusiasten, die die Gründungsarbeit und nachher die Agitationsarbeit übernahmen und ihre ganze Kraft in den Dienst dieser Sache stellten, selbstverständlich in den Aufsichtsrat gewählt. Später kamen im allgemeinen die tätigen Leute aus Gewerkschaft und Partei, die in den Arbeiterkreisen schon aus dieser Arbeit her bekannt waren, sobald sie am Konsumverein Interesse hatten, leicht in den Aufsichtsrat hinein. Die neueste Entwicklung in der Großstadt und im Bezirkskonsumverein läßt den Aufsichtsrat aus dem Genossenschaftsrat hervorgehen. Die tätigen und fähigen Leute des Genossenschaftsrates kommen allmählich in den Aufsichtsrat.

Wie wirkt nun der Aufsichtsrat in einer Genossenschaft? Nach dem Gesetz ist er ein reines Kontroll-, kein Verwaltungsorgan, und diese scharfe Trennung von Kontrolle und Verwaltung ist auch von der Bewegung häufig stark betont worden. Praktisch ist aus dieser scharfen Trennung jedoch weiter nichts hervorgegangen als die Erkenntnis, daß Aufsichtsrat und Vorstand zwei verschiedene Organe sind, und daß der Vorstand nicht ein Verwaltungsausschuß des Aufsichtsrates ist, sondern selbständig neben ihm steht, so daß keine Majorisierung des Vorstandes durch den Aufsichtsrat möglich ist (getrennte Abstimmung). Im übrigen ist der Aufsichtsrat durchaus nicht Kontrollorgan, sondern *Verwaltungsorgan*. Der Vorstand trägt nicht einem alle Vierteljahre zusammentretenden Kontrollorgan vor, was er in der Zwischenzeit getan hat, sondern er berichtet dem wöchentlich oder 14 tägig zusammentretenden Verwaltungsorgan, was er zu tun gedenkt, sichert sich so von vornherein die Zustimmung des Aufsichtsrates und legt damit die Verantwortung auf eine größere Zahl von Schultern, ähnlich wie man in den Gewerkschaften bei Lohnbewegungen auch eine größere Konferenz der Beteiligten abhält, nicht, weil man sich davon irgendwelche bessere Kenntnis der Massenstimmung verspricht, als man sie so schon hat, sondern weil ein größerer Kreis von Mitgliedern, die die Dinge mehr aus der Nähe gesehen haben, beruhigend wirkt. Der Aufsichtsrat erlebt in enger Fühlung mit dem Vorstand die ganze Entwicklung der Genossenschaft, ist mit allen Betriebseinzelheiten bekannt und kann die Verantwortung für die Handlungen des Vorstandes wirklich mit gutem Gewissen tragen, weil er die Dinge intim genug kennt. Reibungen kommen hier und da vor, es hat auch schon einmal eine organisierte Opposition der Aufsichtsratsmitglieder gegeben, die der Auffassung waren, daß man sie in ihrem Unterverbande bei Regelung der Verbandsangelegenheiten zu wenig berücksichtigt, aber im großen und ganzen findet man ein ruhiges und verständnisvolles Zusammenarbeiten, bei dem die Aufsichtsräte durchaus keine Puppen sind, bei dem aber doch eine berufliche Leitung der Genossenschaft und nicht nur beruflicher Einkauf und Geschäftsführung stattfindet. Im Verbandsleben treten die Aufsichtsräte sehr stark zurück. Der einzige, der eine Rolle gespielt hat, war Adolf von Elm. Er verdankte diese Rolle wohl aber mehr der Stellung, die er in der Arbeiterbewegung überhaupt einnahm, als seiner Stellung als Aufsichtsratsvorsitzender der „Produktion". Neben ihm mag noch Fleißner vom Konsumverein „Vorwärts"-Dresden genannt werden, dessen Bedeutung in der Bewegung aber vor allem seiner literarischen Tätigkeit zuzuschreiben ist.

Die Generalversammlung.

Die Genossenschaft ist Nachbarschaftsverband und ursprünglich auf wirkliche Anteilnahme aller Mitglieder am gesamten Geschehen gestellt. Infolgedessen ist auch die Vierteljahrsversammlung für sie das Gegebene. Ob die Monatsversammlung, die man in früheren Zeiten hier und da erwähnt findet, in den ganz kleinen Verhältnissen der Gründungszeit irgendwelche Rolle gespielt hat, ist aus dem vorliegenden Material nicht zu ersehen. Mit der Vergrößerung des Betriebes, mit dem Entstehen des großen und mittleren Konsumvereins und mit dem Übergang vom Vierteljahrs- und Halbjahrsabschluß zum Jahresabschluß werden die Arbeitsmöglichkeiten für die Generalversammlung immer weiter eingeschränkt. Man kann in dem großen Verein Vierteljahrsversammlungen, die wirklich etwas zu tun haben, in denen nicht nur — auf die Dauer langweilige — Mitteilungen über Vergangenes gemacht werden, nicht mehr abhalten. Es fällt vielfach schon schwer, für die zweite Generalversammlung im Jahr, die nicht den Abschluß zu genehmigen hat, das nötige Interesse bei den Mitgliedern zu finden. So verlieren in den großen Konsumgenossenschaften die Generalversammlungen stark an Bedeutung. Es fehlt dem Versammlungsredner notwendig die sachkundige Übersicht und damit die Möglichkeit wirklichen Arbeitens. Für die Arbeit wird der Aufsichtsrat das Wesentliche, und die Generalversammlung wird ein Redeventil, durch das die Unzufriedenheit sich ohne irgendwelche schädliche Folgen für den Verein Luft machen kann. Doch liegen die Dinge nicht immer so harmlos, bei ernsterer Opposition besteht doch eine gewisse Gefahr. Die Mitglieder sind zunächst des Versammlungsbesuches stark entwöhnt, und sie können in einer größeren Genossenschaft auch schon rein aus räumlichen Gründen nur zum ganz geringen Teil überhaupt an der Generalversammlung teilnehmen. Es können daher relativ kleine Gruppen, die den Saal rechtzeitig besetzen oder auch nur für eifrigen Besuch agitieren, einen erheblichen Einfluß ausüben. So sprach man in der Genossenschaftsbewegung vielfach von einem großen führenden Verein, in dessen Generalversammlung das Personal stets zahlreich vertreten war, und der infolgedessen nicht die Entwicklung nahm und die Initiative zeigte wie andere erheblich jüngere Vereine.

Die politischen Gegensätze haben die Generalversammlungen und ihre Beschlüsse zeitweilig um 1900 beherrscht, wo in der Sturm- und Drangzeit die Arbeiterschaft „beim Erobern bürgerlicher Konsumvereine" nicht immer taktvoll und taktisch richtig vorging. Manche derartige Eroberung wurde in der Gesamtbewegung später noch lange bedauert. Neuerdings ist in den Städten, wo die Kommunisten stärkeren Zustrom gefunden haben, auch ihr Auftreten in den Generalversammlungen der Konsumvereine dadurch, daß die Versammlungen relativ leicht zu besetzen waren, wieder von gewissen Erfolgen gekrönt gewesen. Im ganzen kann man sagen, daß die Generalversammlung im kleinen Verein — und im Anfang der Bewegung wurden ja auch in den Großstädten stadtteilweise kleine Vereine gegründet — ihre Aufgabe erfüllen konnten, daß sie dagegen mit der Entwicklung der Konsumvereine zu einem unorganischen Bestandteil der Konsumvereinsverfassung geworden ist, die in normalen Zeiten ungefährlich ist, aber bei irgendwelchen Störungen doch infolge ihrer völlig fehlenden Anpassung an die Entwicklung zum Großbetrieb bedenkliche Folgen haben kann.

Die Genossenschaften haben diese Gefahr seit vielen Jahren erkannt, sie hatten jedoch lange Bedenken, eine Änderung des Genossenschaftsgesetzes zu erstreben. Erst in den letzten Jahren, insbesondere nachdem man sich im freien Ausschuß zusammengefunden hatte, wurde die Reform des Gesetzes energisch betrieben. Diese Arbeit hatte auch 1922 den Erfolg, eine Änderung des Genossenschaftsgesetzes zu erreichen, die für Genossenschaften mit 3000 Mitgliedern fakultativ, für Genossenschaften mit

10 000 Mitgliedern obligatorisch die Generalversammlung aller Genossen in eine Vertreterversammlung umwandelt. Alles andere ist dem Statut vorbehalten; die einzelne Genossenschaft kann die Regelung dieser neuen Generalversammlung eng an die Entwicklung ihres Mitgliederausschusses anpassen, so daß z. B. die Generalversammlung nur ein anderer Name für die Gesamtversammlung des Mitgliederausschusses sein kann. Die Wirksamkeit der neuen gesetzlichen Bestimmungen läßt sich noch nicht übersehen.

Mitgliederausschuß oder Genossenschaftsrat.

Die Notwendigkeit, für die unzulänglich gewordene Generalversammlung einen Ersatz zu finden, hat sich zeitig bemerkbar gemacht. Die Anregungen kamen jedoch nicht aus Sachsen, wo alte und große Vereine, z. B. Leipzig-Plagwitz, bestanden (Leipzig-Plagwitz hat vielmehr erst 1922 den Mitgliederausschuß eingeführt), sondern die neuen Ideen entstanden um die Jahrhundertwende in der neuen Konsumvereinsbewegung. Nach Ausführungen, die Heinrich Kaufmann 1907 machte, wurde Ende der neunziger Jahre diese organisatorische Neuerung bereits erörtert, fand aber bei den Praktikern allenthalben Kopfschütteln. 1907 bestanden jedoch bereits eine Reihe von Mitgliederausschüssen, von denen Heinrich Kaufmann sagte, daß sie sich im ganzen bewährt haben. Führend war, wie so oft, die Hamburger „Produktion", die bald nach ihrer Gründung den Mitgliederausschuß einrichtete. Sie baute auf den organisatorischen Verhältnissen der sozialdemokratischen Partei und der Gewerkschaften auf. In der Partei bildet der Bezirk oder die Abteilung die Zelle des Ganzen, in der Gewerkschaft die Werkstatt mit ihrem Vertrauensmann. Damit verglichen, stand die Genossenschaftsbewegung, die mit demselben Menschenmaterial arbeitete, ziemlich hilflos da. In den sächsichen Vereinen aus den achtziger Jahren hatte sich zwar in der Verkaufsstelle mit dem Lagerhalter etwas Ähnliches wie eine solche Zelle herausgebildet, doch fehlte gerade die Zusammenfassung der Mitglieder, das Mitarbeiten der Mitglieder hier vollständig. Was der Lagerhalter bieten konnte, war nur eine einseitige Beeinflussung und nicht ein Zusammenarbeiten, und diese einseitige Beeinflussung wurde wieder doppelt einseitig dadurch, daß die Lagerhalter zunächst gegenüber den Mitgliedern die Angestellteninteressen und innerhalb dieses Rahmens die spezifischen Lagerhalterinteressen zu vertreten hatten, also gerade für die Interessen und Auffassungsgegensätze zwischen der

Mitgliedschaft als Abnehmer und dem Personal als Verkäufer fehlte hier jedes Ausgleichsmittel. Mit dem Mitgliederausschuß wurden dieselben Prinzipien der Zellenbildung und Organisation, die in der Sozialdemokratie und den Gewerkschaften befolgt wurden, auf die Konsumvereinsbewegung übertragen. Die Mitglieder einer Verkaufsstelle wurden zusammengefaßt. Sie wählten aus sich heraus ein oder drei Mitglieder, die nun in der Regel noch mit einer Anzahl von Helfern die Agitation im räumlichen Bereich der Verkaufsstelle betrieben. Eine solche Agitation ist nicht nur nötig, um neue Mitglieder zu gewinnen, sondern ist vor allem nötig, um die Genossen, die gewonnen sind, zu erhalten und zu regelmäßigen Käufern zu machen. Die übliche Agitation für die Konsumvereine in Presse, Gewerkschaftsversammlung, Werkstatt usw. wendet sich an den Mann. Der Mann erwirbt die Mitgliedschaft, der Mann geht in die Versammlungen, die Frau aber kauft ein, und die beste Aufklärung der Männer versagt, wenn diese es nicht verstehen, das, was sie gehört haben, zu Haus weiterzugeben und auch ihre Frauen zu Genossenschaftern zu machen. Hier setzt die Agitation durch den Mitgliederausschuß ein, der die verärgerten Mitglieder, die zeitweilig wegbleiben, und all die wenig Kaufenden aufsucht und nicht nur bei ihnen Klarheit über die Bedeutung der Konsumgenossenschaften schafft und sie so für die Bewegung als wirkliche Teilnehmer gewinnt, sondern auch andererseits Klarheit über die Mängel im Betriebe der Verkaufsstelle schafft, die sonst nur zu leicht dazu führen, daß Mitglieder auf längere Zeit „Papiersoldaten" werden und als kaufende Mitglieder ausscheiden. Gerade bei der Personalzusammensetzung der Konsumvereine ist Derartiges besonders wichtig. Wenn auch im großen und ganzen auf eine Laienkontrolle in den Verkaufsstellen in der Bewegung mit Recht nichts gegeben wird und man sich sagt, wirklich kontrollieren kann nur der vom Verein angestellte Kontrolleur, der für diese nicht leichte Aufgabe besonders ausgewählt und besonders geschult ist, so ist eine solche Vertretung der Mitgliedschaft häufig schon imstande, Mißverständnisse auszugleichen, bevor sie zu ernsthafteren Reibungen geführt haben, und sie bietet für die Verwaltung ein ausgezeichnetes Hilfsmittel, um die Stimmung in den einzelnen Verkaufsstellen kennenzulernen und zu sehen, was hier und da Anstoß erregt. Ein solches Organ ist auch deshalb besonders nötig, weil das Verkaufspersonal des Vereins leicht geneigt ist, irgendwelche Fehler, die es gemacht hat, der Zentrale zuzuschreiben. Die geniale, aber außerordentlich einseitige und in dieser

Einseitigkeit gefährliche Bindung der Mitglieder an den Verein durch die Rückvergütung wird so in einer ausgezeichneten Weise ergänzt. Die Einrichtung der Mitgliederausschüsse hat im Anfang vielfach zu Reibungen mit dem Verkaufspersonal geführt, das die neue Aufsichtsinstanz mehr oder minder energisch ablehnte. Sie hat auch vielfach zu Reibungen zwischen Verwaltung und Mitgliederausschuß geführt. Man schuf hier und da nicht einen Ausschuß, der arbeitete und etwas leistete, sondern gab ihm Rechte, bevor er Pflichten übernommen und ausgeübt hatte. Doch im allgemeinen ging es schon im Anfang sehr gut, und im ganzen hat sich dieses Organ heute ausgezeichnet eingespielt. Der Allgemeine Verband deutscher Erwerbs- und Wirtschaftsgenossenschaften hat sich gegen diese ganze Entwicklung dauernd gesträubt, wohl aus dem Gefühl heraus, daß die Genossenschaft Nachbarschaftsverband ist und bleiben muß. Eine leistungsfähige Konsumvereinsbewegung läßt sich aber nur mit Großbetrieben schaffen, und diese Großbetriebe brauchen dann in ihrer Organisation eine Berücksichtigung dieses Grundsatzes, daß die Genossenschaft Nachbarschaftsverband ist. Die Verbindung aller Rücksichten, die sich daraus ergeben, und der Rücksichten, die sich aus dem Großbetrieb ergeben, ist im Mitgliederausschuß in genialer Weise herbeigeführt. Man hat dann, nachdem man unter diesem Gesichtspunkt das Bindeglied geschaffen hatte, dieses Bindeglied benutzt, um für die unzulänglich gewordene Generalversammlung einen Ersatz zu schaffen. Das Beratungsmaterial der Generalversammlung ging zunächst durch den Mitgliederausschuß, dessen Vorschläge der Generalversammlung vorgelegt wurden. Dadurch war für die Generalversammlung ein starker Kern von Menschen gegeben, die für ihre Vorschläge eintreten und Überrumpelungen verhüten, und es war weiter die Möglichkeit gegeben, für die Generalversammlungen, wenn nötig, ein größeres Aufgebot treuer Mitglieder mit Hilfe des Mitgliederausschusses zusammenzubringen. Weiter ist man dann dazu übergegangen, den Mitgliederausschuß nicht nur im Statut festzulegen, sondern auch Beschlüsse an seine Zustimmung zu binden, so daß nicht das Stimmungsmoment der gelegentlichen Versammlungsbesucher, sondern die ruhige Überlegung im kleinen Kreise derer, die dauernd mitarbeiten, den Ausschlag gab.

Ein derartiger Apparat kann jedoch nicht ohne Führung arbeiten; Es handelt sich hier nicht um demagogische Stimmungsmache, vielmehr durchaus um ein Zusammenarbeiten, bei dem jeder Teil gibt und nimmt, aber es ist eine berufliche Leitung hier genau so notwendig im einzelnen wie die Genossenschaft als Ganzes, auch von Einkauf und Buchhaltung abgesehen, nur mit beruflicher Leitung und nicht mit ehrenamtlicher Leitung weiterkommen kann.

Diese berufliche Leitung entstand in den deutschen Genossenschaften zuerst im Jahre 1908, in dem die „Produktion" den damaligen Schriftführer des Mitgliederausschusses, heutigen Direktor der Großeinkaufs-Gesellschaft, Everling als Sekretär anstellte. Andere Genossenschaften folgten diesem Beispiel, und bald begannen auch die Sekretärkonferenzen. Die Aufgaben eines solchen Sekretärs im allgemeinen lassen sich sehr knapp umschreiben: berufliche systematische Leitung der Agitation, der Durchbildung des Verkaufspersonals und des Mitgliederausschusses. Im einzelnen hängt der Ausbau der Stellung eines Sekretärs ebenso wie der des Geschäftsführers von den Eigenarten des Vereins und denen der leitenden Menschen ab. Der Aufgabenkreis wird je nach den örtlichen Verhältnissen weiter oder kleiner gezogen. Der eine Sekretär bearbeitet die Angelegenheiten der Mitgliederversicherung, der andere ist stärker an der Verkaufsstellenkontrolle beteiligt. Die kleineren Vereine geben dem Sekretär noch mannigfache Füllarbeit, während die Entwicklung in den großen Vereinen doch wohl dahin geht, mit dem Sekretär einen theoretisch gebildeten Genossenschafter zu schaffen, der auf der einen Seite durch seine enge Verbindung mit dem Vorstand das gesamte geschäftliche Arbeiten des Vereins miterlebt, andererseits durch seine Leitung der Agitation den engen Zusammenhang mit den Massen draußen hat und doch nicht zu sehr in die tägliche Arbeit eingespannt ist, so daß er freie Zeit behält, um die Genossenschaft auch über Verteidigung bei Angriffen hinaus literarisch zu vertreten und die in der Bewegung noch so stark fehlende literarische und wissenschaftliche Verarbeitung der Einzelerfahrungen zu leisten. Es scheint sich durch die Fühlungnahme der Sekretäre untereinander auch bereits ein sehr bedeutungsvoller privatwirtschaftlich orientierter Ausbau der Statistik anzubahnen.

Agitation.

Die Agitation für die Konsumvereine in den sechziger Jahren knüpfte an die Zusammenhänge in anderen Organisationen und im Betriebe sowie an die Beziehungen an, die sich aus dem Zusammenwohnen ergaben. Von einer Agitation im heutigen Sinne konnte in diesen kleinen Vereinen wohl noch nicht die Rede sein. Sie bekam einen rechten Aufschwung erst um 1900, wo die Agitation freilich oft einen etwas sektiererischen Charakter annahm. Es kam so mancher in die Bewegung hinein, der mit unzureichender theoretischer Kenntnis glaubte mit der Konsumvereinsbewegung alle sozialen Fragen lösen zu können. Das war um so mehr der Fall, als die Agitation in diesen Jahren fast ausnahmslos auf Konsumvereinsenthusiasten gestellt war, da mit Ausnahme des berühmten Hamburger Beispiels der „Produktion" die Arbeiter, die in Gewerkschaften und Partei tätig waren, im großen und ganzen ein erhebliches Mißtrauen und einen gewissen Widerwillen gegen die Konsumvereinsarbeit hatten. Trotz aller Freiheit von irgendwelchen religiösen Motiven war die Konsumvereinsbewegung in dieser Zeit doch auf ein Gefühl gestellt, das mit dem Bedürfnis, Apostel für einen neuen Glauben zu spielen, starke Verwandtschaft hatte. Auch der Umstand, daß die Arbeiterpresse der Konsumvereinsbewegung wenig freundlich gegenüberstand und nur in Ausnahmefällen von sich aus irgendwelche Artikel zur Förderung der Konsumvereine brachte, im allgemeinen nur widerwillig und auf Druck hin das veröffentlichte, was man ihr ins Haus trug, trug dazu bei, die Agitation auf den reinen Enthusiasten einzustellen. Um so nötiger war die Schaffung einer Konsumvereinspresse, insbesondere des genossenschaftlichen Frauenorgans, des heutigen „konsumgenossenschaftlichen Volksblattes" durch die Schriftleitung der Großeinkaufsgesellschaft. Mit dem Erstarken der zentralen Agitationsstellen in Hamburg wurde dann die Versammlungstätigkeit von Hamburg aus systematisch organisiert, und es wurden auch von dort aus Lichtbildervorträge veranstaltet. In den größeren Konsumvereinen bildete sich (siehe Abschnitt „Mitgliederausschuß") ein Werbekörper entsprechend den Partei- und Gewerkschaftsfunktionären heraus, der die Hausagitation leistete. Freilich, wenn man die Genossenschaft als Ganzes nimmt und sie der Gewerkschaftsbewegung und der Parteibewegung gegenüberstellt, so findet man, daß dieser Werbeapparat in der Genossenschaftsbewegung doch noch erheblich kleiner und schwächer ist als in den beiden anderen Bewegungen und kaum einen Vergleich aushält. Das ist vielleicht ganz gut. Die Konsumgenossenschaften sind so trotz allem weniger auf die Agitation als auf ihre geschäftliche Leistungsfähigkeit gestellt. Sie müssen sich geschäftlich durchsetzen, und es ist auch vielfach das Schlagwort in der Bewegung verbreitet, eine gute Preisliste und gute Ware sind das allerbeste Agitationsmittel. Infolgedessen sind die Vereine auch auf dem Gebiete der reinen Reklame anders als die englischen Vereine, gegenüber dem Handel etwas rückständig, obwohl sich auch hier Wandlungen vorzubereiten scheinen. Zwar herrscht noch überall der Schaufensteranstrich oder -einsatz ohne Dekoration, abgesehen von einer Anzahl von Spezialgeschäften, aber in den letzten Jahren vor dem Kriege — von den heutigen Verhältnissen kann man nicht reden, weil Kapitalmangel, Lädenmangel usw. hier zu stark mitsprechen — hatte sich doch schon im allgemeinen die Überzeugung durchgesetzt, daß ein Laden freundlich und nett aussehen, nicht nur sauber gehalten werden muß, sondern auch gut eingerichtet sein muß. Die spezifisch genossenschaftliche Reklame bildeten lange Zeit hindurch Warenausstellungen mit Preisangabe für die Vereinswaren und die bei der Konkurrenz gekauften; für das Zeitungsinserat hat sich keine allgemeine Praxis herausgebildet. Man hat vielfach inseriert, schon, um bei der Presse gut angeschrieben zu sein, aber im großen und ganzen kann man wohl sagen, daß die Reklame der Konsumvereine recht verschieden je nach den Auffassungen im einzelnen Ort ist.

Die Bedeutung der Frau für die Konsumvereine hat bereits Eugen Richter in den sechziger Jahren in seinem Konsumvereinsbüchlein betont. Das heutige „Volksblatt" ist auch zunächst als „Frauenblatt" gegründet worden, ein Zeichen, wie sehr man damals schon die Notwendigkeit einsah, die Frauen für den Konsumverein heranzuziehen; aber im großen und ganzen ist wenig geschehen, um eine aktive Tätigkeit der Frau herbeizuführen, und auf sämtlichen Genossenschaftstagungen spielt sie keine Rolle. Die eine Frau, die überhaupt in der Bewegung bekannt war, verdankte das neben ihrer schriftstellerischen Tätigkeit wohl in erster Linie ihrem engen Zusammenarbeiten mit Adolf von Elm.

Während die Frau in den Aufsichtsräten der Vereine kaum und in den Organen der Revisionsverbände wohl gar nicht vertreten ist, hat man sie in den Mitgliederausschüssen von Anfang an stark herangezogen und gute Erfolge erzielt. Der Praktiker scheint durchweg eine Abneigung dagegen zu haben, die Frauen in den Aufsichtsrat zu ziehen, während man ihre Arbeit in den Mitgliederausschüssen sehr fördert. Es fragt sich sehr, ob sich diese Praxis nicht noch rächen wird.

Für das Volksbildungswesen spendeten die ersten Konsumvereine in den sechziger Jahren reichlich und richteten auch nach englischem Vorbild selbst Lesesäle, Unterrichts-Vortragsabende usw. ein, bei der engen Verbindung, die vielfach mit dem örtlichen Arbeiterbildungsverein bestand, eine recht verständliche Handlungsweise. Von all dem ist weiter nichts übriggeblieben, als daß die Konsumvereine für die Bildungsbestrebungen am Ort eine mehr oder minder offene Hand haben. Von irgendwelcher erheblichen Bedeutung für das Volksbildungswesen im allgemeinen sind diese Spenden nicht.

Überblick über die Organisation.

Überschaut man die gesamte Entwicklung der genossenschaftlichen Organisation der deutschen Konsumvereine, so wird man sagen müssen, daß die Zeit des wilden, völlig unorganisierten Suchens fehlt, daß von den ersten Anfängen an eine gewisse einheitliche Richtung zu sehen ist, und daß die Bewegung sowohl in ihren ersten Anfängen als auch in ihren späteren Gründerperioden immer sehr rasch in feste Bahnen gekommen ist. Trotzdem sind in diesem engen Rahmen große, bedeutsame Entwicklungen zu verzeichnen, denn die Bewegung hat sich stark geändert. Sie beginnt mit dem kleinen Vereinchen, mit einem oder ein paar Läden. Es bilden sich dann eine Anzahl größerer Mittelvereine, und mit dem neuen Impuls nach 1900 entsteht in den Großstädten und Industriegebieten der große Verein, Großbetrieb mit allen typischen Merkmalen des Großbetriebes. Damit erhält die alte Form einen neuen Inhalt. Das Problem der Verbindung von Demokratie und Großbetrieb wird für die Konsumvereine bedeutsam und bestimmt sie, für die gesamte Arbeiterbewegung das typische Experimentierfeld für alle Fragen, die sich daraus ergeben, zu werden. Die Form für ein Mitwirken aller und ein Zusammenarbeiten aller bei beruflicher Leitung des Ganzen wird hier ausgebildet.

Die konsumgenossenschaftliche Entwicklung ist für diese Fragen, die in ihren Grundzügen für Genossenschaften, Gewerkschaften und sozialdemokratische Partei gleiche Bedeutung haben, von besonderer Wichtigkeit, weil die Konsumgenossenschaften geschäftliche Organisationen sind, die unter dem Druck der Konkurrenz arbeiten, und bei denen dieser Druck zu rationeller Wirtschaft zwingt. Bei ihnen zeigen sich Unzulänglichkeiten in der Leitung sofort in der Bilanz, und bei ihnen läßt sich die Unzulänglichkeit durch Vergleich ähnlicher Betriebe klarer feststellen als in den anderen Organisationen. Sie haben daher die Methoden des demokratischen Großbetriebes als erste ausgebildet und am weitesten.

Zwei Dinge sind für ihre Organisation von Bedeutung, das ist einmal die Einrichtung einer beruflichen Leitung und andererseits der stufenweise Aufbau eines repräsentativen Systems, das zwischen der Leitung und den Mitgliedern die Fühlung herstellt, und mittels dessen die Masse ihren Einfluß ausübt, ohne daß Gemütsimpulse zu geschäftlich nicht tragbaren Beschlüssen führen können.

Im kleinen Verein der Kleinstadt mit einer Verkaufsstelle herrscht primitive Demokratie. Hier ist die Genossenschaft wirklich Nachbarschaftsverband. Ein Kreis von Personen, der auch sonst mannigfach zusammenkommt, der sich aus verschiedenartiger Tätigkeit her beurteilen kann, schließt sich für den Sonderzweck des gemeinsamen Einkaufes zusammen. Jeder kennt hier nicht nur die anderen, sondern er kennt auch die Verhältnisse des Vereins genau. Der Leiter ist Einkäufer, im übrigen aber lediglich Exekutivorgan ohne weitere Führung. Die Versammlung hat noch ein wirkliches Leben oder kann es wenigstens haben, denn es kommt auch in diesen einfachen Verhältnissen vor, daß die Leitung der Genossenschaften einigen wenigen anheimfällt und die anderen sich kaum darum kümmern.

Etwas anders sehen die Dinge bereits in einem mittleren Vereine aus. Der Zusammenhang aller Mitglieder ist hier nicht mehr in der eben geschilderten Weise möglich, und so bildet sich von selbst ein Kreis näherer Interessenten, aus dem der Aufsichtsrat hervorgeht. Diese Vereine haben aufgehört, Nachbarschaftsverband zu sein. Sie umfassen einen größeren Personenkreis, aus dem sich ein Ersatz für die alten nachbarschaftlichen Zusammenhänge der Mitgliedschaft in dem Kreis der tätigen Mitglieder herauskristallisiert. Mit derselben Methode begannen zunächst auch die großen Konsumvereine, doch ist hier die Gefahr vorhanden, daß ein Cliquenbetrieb entsteht, insbesondere in der Form, daß der Kreis der tätigen und interessierten Mitglieder durch Angestellte und Lagerhalter besonders beeinflußt wird. Hier hat die Reform eingesetzt und eine Teilung der Funktionen eintreten lassen. Die Mitgliedschaft eines Ladens ist zusammengefaßt worden, und so ist daraus wieder ein Nachbarschaftsverband geworden. Diese kleinen Verbände sind für die größeren Aufgaben, Einkauf und Lagerung, Organisation des Verkaufs usw., in dem Konsumverein sozusagen als einer Föderation zusammengeschlossen, wenn auch entsprechend dem Organisationssystem der deutschen Arbeiterschaft überhaupt der föderative Charakter nur schwach hervortritt und die Einheiten stets viel mehr Untergruppe eines größeren Ganzen als Teile einer Föderation sind. In dieser Zelle der Organisation ist der Kreis klein genug, daß man sich gegenseitig kennen lernen kann, und die Aufgaben sind klein genug, daß die Masse der Mitglieder ihren Ausschuß in bezug auf die Erfüllung seiner Aufgaben richtig beurteilen kann. Auf Grund dieser allgemein beurteilbaren Tätigkeit in der kleinen Einheit werden deren Führer ausgewählt und erhalten dann darüber hinaus Funktionen in der größeren Einheit. Dies kann in großen Vereinen ein Bezirk sein, etwa eine selbständige Gemeinde im Bezirkskonsumverein, es kann auch der ganze Verein sein, jedenfalls werden diese Ausschußmitglieder gewählt von Mitgliedern, mit denen sie in dauernder fester Verbindung stehen, die ihre Fähigkeiten und ihre persönlichen Qualitäten beurteilen können, und sie üben als Vertreter in der gehobenen Körperschaft als deren unterste Glieder die Verwaltungsfunktionen aus. In ähnlicher Weise kristallisiert sich aus diesem großen Ausschuß wiederum ein kleinerer, und dieser kleinere ist das maßgebende Organ für die Bildung des Aufsichtsrates, der seinerseits im Zusammenhang mit diesem Organ tatsächlich den Vorstand zusammensetzt.

Ohne Theorie und ohne Absicht, aus den täglichen Bedürfnissen heraus, im wesentlichen instinktiv, hat hier die Genossenschaftsbewegung einen Ausleseapparat mit indirekter Wahl geschaffen, der eine dauernde gegenseitige Beeinflussung von Leitung und Masse gewährleistet. Es ist durch diese Organisation Fürsorge getroffen worden, daß bei den Wahlen nicht die Stimmung einer Liste, die von einer kleinen Parteikörperschaft unkontrolliert zusammengesetzt ist, die Macht gibt, sondern daß jeweils die einzelne Persönlichkeit auf Grund ihrer zu beurteilenden Tätigkeit im kleineren Kreise das Vertrauen für eine weitere Tätigkeit erhält, die von der Gesamtheit der betreffenden Wähler ihrer Natur nach nicht ausgeübt werden kann. Es ist weiter dadurch, daß alle Mitglieder, die derartige Wahlfunktionen ausüben, auch jeweils in einer praktischen Tätigkeit stehen, die Möglichkeit gegeben, daß die geschäftlichen Erfahrungen des Vereins und der Leitung tatsächlich auf die Gesamtheit ihre Wirkung ausüben, so daß die Leitung, weit davon entfernt, eine reine Exekutive zu sein, ihre Mitglieder stets führen kann. Daß aber diese Führung nicht auf Demagogie aufbauen kann, denn sie erfolgt nicht in Massenversammlungen, sondern daß sie auf praktischer Arbeit basieren muß, hat weiter zur Folge, daß die Leitung, obwohl sie durchaus führend ist und sein muß, in dieser Führung doch durch die Gesamtheit ihrer Mitglieder, durch die allgemein geistige Einstellung ihrer Mitgliedschaft maßgebend beeinflußt wird. Die Wechselwirkung zwischen beruflicher Führung, nicht nur der Geschäfte, sondern auch der Menschen und dem Geistesleben dieser Geführten, ist so in theoretisch hervorragender Weise gesichert.

II. Geschäftliche Organisation.

A. Die Betriebseinrichtungen.

Einkauf.

In der ersten primitiven Entwicklung nimmt der Lagerhalter als derjenige, der am meisten mit der Ware zu tun hat und unter Umständen am meisten von der Ware versteht, am Einkauf teil. Dieser Modus wird jedoch sehr bald geändert. Der Lagerhalter scheidet aus dem Vorstand, dem er vielfach in dieser Frühperiode angehört, und aus der Betätigung beim Einkauf aus. Nach 1900 sind Einrichtungen dieser Art von neuem, aber nur vorübergehend aufgetaucht. Im übrigen ist die Organisation des Einkaufs nach der Größe der Vereine außerordentlich verschieden. Die Verhältnisse müssen in einem Vereinchen mit einem einzigen Laden anders liegen als in dem großen Verein mit besoldeter Leitung, wo ganz klare Ausschaltung des Lagerhalters aus der Leitung erfolgt ist. Wie noch mehrfach zu zeigen sein wird, ist es ein Charakteristikum der Entwicklung, daß der Lagerhalter dauernd an Bedeutung verliert. Der Einkauf ist allgemein Sache des Geschäftsführers. Hier und da haben sich bis ungefähr zum Kriege hin Überlebsel aus alten Zeiten, ehrenamtliche Einkaufskommissionen und ähnliches erhalten, aber die Berufsarbeit herrscht absolut vor; denn man ist sich darüber klar, daß der Einkauf für einen größeren Verein eine Spezialarbeit ist, die besondere Anforderungen stellt. Der Geschäftsführer, der den Ruf genießt, im Einkauf eine glückliche Hand zu haben, einen guten Instinkt für die Marktentwicklung zu besitzen, ist sich dieser Qualitäten auch sehr bewußt und pflegt sie seinem Verein, der Großeinkaufsgesellschaft und anderen Kollegen gegenüber genügend zu betonen. Andererseits werden solche Fähigkeiten auch in der gesamten Bewegung anerkannt. Man kann es immer wieder in der Unterhaltung hören, welcher Wert auf die Tüchtigkeit eines Geschäftsführers beim Einkauf gelegt wird. Die Kontrolle durch die öffentliche Meinung in der Bewegung und durch die Kollegen aus anderen Vereinen ist für den Einkauf und seine Entwicklung wichtiger als irgendwelche organisatorischen Maßnahmen. Bei der großen Bedeutung der Einkaufsdisposition für den Verein wird im allgemeinen der einkaufende Geschäftsführer der führende Mann im Verein. Die „Produktion" hat ein besonderes Einkaufsbureau mit ziemlicher Selbständigkeit eingerichtet, dessen Leiter nicht Vorstandsmitglied ist; aber diese Organisation dürfte wohl noch allein stehen oder mindestens zu den Ausnahmen gehören.

Der Aufsichtsrat hat mit dem Einkauf an sich nichts zu tun. Jeder Geschäftsführer berichtet aber selbstverständlich andauernd über die Dispositionen, z. T. schriftlich durch Vorlage des Einkaufsbuches, und sucht in kritischen Zeiten für größere Geschäfte, mit denen Risiko verbunden ist, eine Rückendeckung. Eine weitergehende Kontrolle des Einkaufs durch den Aufsichtsrat findet wohl kaum statt, ist auch nicht nötig, da die Konsumgenossenschaftsbewegung von den typischen Krankheitserscheinungen, die mit dem Einkauf im Privatbetrieb verbunden sind, im allgemeinen frei ist; eben weil der Einkauf vollkommen in der Hand dessen liegt, der den ganzen Verein leitet und repräsentiert, ist im allgemeinen die moralische Bindung an den Verein und an das Wohlergehen des Vereins viel zu stark, als daß Schiebungen und Durchstechereien vorkommen könnten; andererseits steht für den Geschäftsführer nicht nur eine gute Stellung, sondern seine Arbeitsmöglichkeit in der Konsumvereinsbewegung überhaupt auf dem Spiel. Ohne die formelle lebenslängliche Anstellung haben sich hier doch dieselben Erscheinungen herausgebildet wie im staatlichen Beamtenapparat, die gleiche starke Bindung des Menschen durch seine lebenslängliche Verbindung mit der Bewegung.

Zentrallager. Am Anfang der Entwicklung steht der Einkauf am Orte und die direkte Lieferung durch den Lieferanten in jeden Laden. Dieser Modus spart Spesen für Transport und Umpacken, erschwert aber andererseits die Übersicht außerordentlich, denn der Lagerschwund ist bei längerer Lagerung ganz anders als bei kurzer. Die Tara spielt eine andere Rolle, und die Kontrolle des Lagerhalters ist schwierig. So ist bei einiger Ausdehnung des Vereins, mit der eine Ausdehnung der Bezugsquellen, Einkauf ab Fabrik vom Grossisten an einem Haupthandelsplatz usw., Hand in Hand geht, der Übergang zum Zentrallager bald geboten. Es fehlte leider an Zeit, für die vorliegende Untersuchung diese Frage näher zu prüfen. Es wäre aber eine dankenswerte Aufgabe für privatwirtschaftliche Arbeiten, die sich ja überhaupt mit den Konsumvereinen nur relativ wenig beschäftigt haben, diese Entwicklung des Zentrallagers und der damit zusammenhängenden Fragen des Einkaufes, der Beziehung zum Lagerhalter in der älteren Bewegung auf Grund der Archive größerer älterer Vereine zu erforschen. Die Vereine, die um 1900 entstanden, gingen, sobald es die finanzielle

Lage erlaubte, zur Errichtung von Zentrallagern, möglichst mit Bahn- oder Wasseranschluß, über. Damit wird das Aussehen der Läden stark verändert. Das Lager ist in der Zentrale, und der Laden, der zwei- bis dreimal in der Woche mit Waren versehen wird, enthält nur das, was er für die allernächste Zeit braucht. Aus dem Konsumvereinslager, wie die Läden ursprünglich oft genannt wurden, wird eine reine Verteilungsstelle. Ware, die wenig geht, liegt natürlich auch monatelang in der Verkaufsstelle; im ganzen ist der Umschlag in dieser jedoch durch die dauernden Nachlieferungen aus dem Hauptlager bestimmt. Daneben werden einzelne Waren vom Lieferanten direkt in den Laden geliefert, etwa Petroleum oder Schmierseife, aber diese direkten Lieferungen bilden eine Ausnahme, wenn sie auch bei Artikeln, auf denen nur ein geringer Nutzen liegt, zur Verringerung der Spesen manchmal nötig sind. Der Verkehr zwischen Zentrallager und Laden spielt sich in den größeren Vereinen nach folgendem Schema ab:

Die Verteilung der Waren auf die verschiedenen Stockwerke des Speichers steht fest und ist allen Lagerhaltern bekannt. Häufig haben sie eine Warenliste, die angibt, in welchem Stockwerk sich die Waren befinden. Die Lagerhalter schreiben ihre Bestellungen auf je eine Liste für jedes Stockwerk in dreifacher Ausfertigung (Durchschreiben mittels Blaupapier). Diese zusammenhängenden drei Ausfertigungen kommen auf das Lager; dort werden die Einzelpreise eingesetzt. Ein Exemplar der Liste bleibt als Ausgangszettel für die Lagerbuchhaltung zurück; die beiden anderen gehen mit der Ware an den Lagerhalter, der sie in den fortgeschrittensten Vereinen seinerseits ausrechnet und ein von ihm ausgerechnetes und unterschriebenes Exemplar als Quittung an die Zentrale gibt, während er das dritte Exemplar als Unterlage für seine eigenen Buchungen zurückbehält. Dieses vom Lagerhalter ausgerechnete Exemplar wird in der Zentrale nachgerechnet und dient als Unterlage zur Belastung des Lagerhalters, über die das Nähere im Abschnitt Finanzwirtschaft und Buchhaltung zu sagen ist. Diese Dinge sind hier nur ganz knapp skizziert. Auch sie wären ein recht ergiebiges Thema für privatwirtschaftliche Spezialuntersuchungen. Die Konsumvereine waren gezwungen, ihre Kontrollmaßnahmen immer weiter auszubauen; ich habe die Entwicklung dieser Kontrolle in mehreren Vereinen Jahre hindurch verfolgt und konstatierte bei jedem Besuch mit Staunen, wieviel weiter man in der Zwischenzeit auf Grund der praktischen Erfahrungen schon wieder gekommen war.

Für die Bedienung der Läden sind zwei oder drei mehr oder minder feste Touren in der Woche vorgesehen. Das Parterregeschoß des Lagers ist stets der Expeditionsraum, in dem die Waren für die einzelnen Verkaufsstellen gesammelt werden, so daß die Fuhrwerke bequem die zusammengehörende Ladung übernehmen können. Für die Bedienung der Verkaufsstellen ist zeitig Motorbetrieb eingerichtet worden, insbesondere für die Belieferung der Außenläden in den großen Bezirkskonsumvereinen. Der Pferdebetrieb, der sich häufig billiger stellte, hat bis zum Kriege, in dem alle früheren Berechnungen aufhörten, eine erhebliche Rolle gespielt. Das Lastauto wurde in erster Linie wegen seiner größeren Leistungsfähigkeit verwandt.

Die Beziehungen zu den landwirtschaftlichen Genossenschaften.

Man ist in der Konsumvereinsbewegung außerordentlich zeitig dafür eingetreten, systematisch von den landwirtschaftlichen Genossenschaften zu beziehen und so durch Anbahnung direkter Beziehungen zwischen Produzenten und Verbrauchern die Handelswege abzukürzen. Auch auf seiten der reinen Genossenschafter in der Landwirtschaft haben hier ernsthafte Wünsche nach schneller und enger Verbindung bestanden. Man besuchte sich auch einige Jahre nach Gründung des Zentralverbandes gegenseitig auf den Tagungen und hielt freundschaftliche Reden, doch die politischen Hemmnisse waren stärker als alle genossenschaftlichen Überlegungen. Die konservativen Landwirte wollten sich ihre politischen Kämpfe gegen die Sozialdemokratie nicht dadurch verderben, daß man ihnen sagen konnte: Ihr arbeitet ja mit den Sozialdemokraten geschäftlich ausgezeichnet zusammen, so daß schon aus diesen Gründen ein nennenswerter Bezug von landwirtschaftlichen Genossenschaften vor dem Kriege nicht zustande kam. Die Organisationen lehnten derartige Verbindungen natürlich nicht grundsätzlich ab, erklärten sich grundsätzlich bereit, aber meinten, das müsse aus der Praxis wachsen. Tatsächlich konnte es aber nicht aus der Praxis wachsen, sondern mußte von oben gefördert werden, weil bei den landwirtschaftlichen Genossenschaften eine Reihe von Schwierigkeiten zu überwinden waren, für die man die Hilfe der Zentralinstanzen brauchte. So haben eine Anzahl Konsumvereine mit Engelsgeduld angefangen, auf eigene Faust Verbindungen mit landwirtschaftlichen Genossenschaften zu suchen. Sie mußten ein unendliches Mißtrauen überwinden. Wenn in einer Gegend ein Hamburger Aufkäufer sich einmal geschäftlich unfair benommen hatte, waren die ganzen Genossenschaften zunächst auch gegen den Aufkäufer der Hamburger Genossenschaft kritisch eingestellt, weil eben jede Empfehlung von der Zentrale fehlte. Daneben litten die Beziehungen zwischen landwirtschaftlichen Genossenschaften und Konsumvereinen vor allem darunter, daß die Landwirte zu wenig kaufmännisch denken konnten und in Zeiten der Preisschwankungen gar zu geneigt waren, dem höchsten Tagespreis nachzulaufen, so daß die Tätigung großer Abschlüsse mit ihnen schwer war. Den Konsumvereinen lag aber gerade an dauernden regelmäßigen Beziehungen, bei denen auch eine gewisse Preisstetigkeit, die bald dem einen, bald dem anderen zum vorübergehenden Nachteil gereichte, eintritt. Der Krieg hat eine Annäherung der Genossenschaften im freien Ausschuß gebracht. Aber trotz allem stehen die direkten Beziehungen zu den landwirtschaftlichen Genossenschaften noch immer in ihren Anfängen, wenn man auch sagen kann, daß die Erfahrungen der allerletzten Jahre, insbesondere der Kartoffelaufkauf durch die ZEG. im Herbst 1922, doch schon der Hoffnung Raum geben, daß in absehbarer Zeit sich hier große und bedeutungsvolle Verbindungen anknüpfen können. Doch dürfte eine Beruhigung des Wirtschaftslebens die Vorbedingung dafür sein.

Aus der Vorstellung heraus, daß die Genossenschaften alle Mittel versuchen müssen, um den Weg von der Urproduktion zum Verbraucher möglichst zu verkürzen, hat die Hamburger „Produktion" im Jahre 1912 ein Gut erworben, das zunächst vorzugsweise als eine Unterstützung des Fleischereibetriebes, Schweinemästereien usw., gedacht war. Es ist sicher kein Zufall, daß man mit der Viehwirtschaft und nicht mit dem Gemüsebau begonnen hat. Es ist ein großes Verdienst der „Produktion", auch hier der Pionier gewesen und mit Experimentieren vorangegangen zu sein. Doch wird man für die nächsten Jahre, abgesehen von dem gegenwärtigen Kapitalmangel in den Genossenschaften, keinerlei Schlußfolgerungen ziehen können. Es wird wahrscheinlich in späterer Zeit neben dem direkten Verkehr mit den Landwirten auch die große landwirtschaftliche Eigenproduktion eine Rolle spielen, doch bedarf es noch einer ganzen Reihe von Experimenten nach dem Hamburger Muster, bis sich hier etwas Bedeutungsvolles weiterentwickeln kann.

Verkauf.

Das Äußere der Läden.

Die englische Konsumvereinsbewegung begann mit äußerster Sparsamkeit; keine Schaufenster, um die unerheblichen Unkosten der Schaufensterdekoration zu sparen, möglichst billige Geschäftslokale in abgelegenen Seitengäßchen. Diese Grundsätze wurden in Deutschland sehr zeitig bekannt. Die ganze deutsche Konsumvereinsliteratur der sechziger Jahre betont diese Nebensächlichkeiten und Schwächen sehr stark. Der Wandel, der in England seither eingetreten ist, ist in Deutschland so unbekannt geblieben, daß die Reise der 100 deutschen Genossenschafter im Sommer 1913, die der Zentralverband deutscher Konsumvereine organisierte, für viele eine Offenbarung war. Sie sahen hier zum erstenmal, wie die Genossenschaftsbewegung auch mit mustergültiger Ausstattung arbeitet und wirbt. Die deutschen Vereine haben erst Anfang dieses Jahrhunderts einzusehen begonnen, daß das Aussehen des Geschäftslokales wesentlich ist, und daß es falsche Sparsamkeit ist, sich in die Winkel zu verkriechen. Sie haben gut gelegene, ausreichend große Läden genommen und waren wenigstens bei allen Neueinrichtungen bemüht, sie gut auszustatten. Bei meinen Studienreisen in Deutschland erlebte ich immer wieder, wie stark das Bewußtsein, daß ein Laden ansprechen muß, bei unseren Geschäftsführern ausgebildet ist. Sobald ich einen Laden sah, der etwas „eingewohnt" aussah, wurde mir erklärt, er sei eine der ältesten Verkaufsstellen, und es wurden mir die Gründe dargelegt, warum man diese noch nicht modernisieren konnte. Ohne das englische Vorbild zu kennen, sind die deutschen Konsumvereine doch dem englischen Betrieb in vieler Hinsicht aus ihren eigenen Erfahrungen und Überlegungen heraus nahe gekommen. Das treffendste Beispiel für alt und neu bot vielleicht Hamburg mit einem Vergleich der Läden der „Neuen Gesellschaft von 1856" und der „Produktion". Nur in einem ist man konservativ geblieben. Man lehnt die Schaufensterdekoration noch immer aus den verschiedensten Gründen ab. Sparsamkeit, Schwierigkeiten bei den Mankoverrechnungen, die daraus entstehen könnten, Bedenken, ob das Personal der Aufgabe gewachsen ist usw., wirken hier zusammen. Nur einige Spezialläden, so in Hamburg und München, in den belebtesten Verkehrsstraßen wirken gerade durch ihre guten Schaufenster und bilden damit eine ausgezeichnete Reklame für die Vereine.

Personal.

In der ersten Konsumvereinsbewegung in den sechziger Jahren wurden als Lagerhalter vielfach frühere Krämer angestellt. Es finden sich jedoch auch allerhand Beispiele in der Literatur, wonach man ein bei der Gründung besonders tätiges Mitglied zum Lagerhalter machte. Die Konsumvereinsgründungen der achtziger Jahre durch Arbeiter zeigen eine starke Heranziehung der Mitglieder zu den Lagerhalterposten, die in der letzten Phase seit 1900 noch zugenommen hat. Die Konsumvereinsbewegung verdankt gerade diesen ungelernten Lagerhaltern sehr viel; nur sind die tüchtigsten Kräfte aus diesen Reihen, die die organisatorischen Anlagen mitbrachten und sich die Warenkenntnis in ihrer Tätigkeit als Lagerhalter aneigneten, sehr rasch aus dem Beruf herausgenommen und zu Vorstandsmitgliedern oder Abteilungsleitern gemacht worden. Nachdem die lebhafte Gründungstätigkeit nachgelassen hatte, bildete sich die Praxis heraus, daß die Lagerhalter im Betrieb aufsteigen, als Verkäufer beginnen und nach einer Reihe von Jahren die selbständige Leitung in einer Verkaufsstelle erhalten. Insbesondere gilt das für die weiblichen Lagerhalter, die in den größeren Vereinen durchweg aus den Verkäuferinnen hervorgehen.

In diesem Zusammenhang muß die Entwicklung der Stellung des Lagerhalters grundsätzlich erörtert werden. Der Lagerhalter der ältesten Bewegung war eine eigenartige Form von Angestellten, die es damals wahrscheinlich im Privatbetrieb überhaupt noch nicht gab. Er war ein halb selbständiger Zwischenmeister. Der Verein kaufte die Waren ein, und er hatte sie zu verkaufen, den Erlös abzuführen und wurde dafür mit einem Prozentsatz oder festem Gehalt und Prozentsatz, aber wohl nie mit einem vollständig festen Einkommen abgefunden. Anschaffung von Tüten, Einwickelpapier war häufig dem Lagerhalter überlassen, ebenso war die Bestellung der Hilfe im Laden seine Angelegenheit; infolgedessen war Mitarbeit der Frau und auch der Kinder das Normale. Diese Zustände haben sich in manchen Vereinen lange erhalten. Allmählich bildete es sich dann heraus, daß das Personal vom Verein mit Zustimmung des Lagerhalters angestellt wurde, und schließlich erhielt der Lagerhalter aus dem von dem Vorstand angestellten Verkaufspersonal einfach seine Hilfskräfte zugewiesen. Wer die Entwicklung vorurteilsfrei betrachtet, erkennt, daß der Lagerhalter aus dem ziemlich selbständigen Leiter des Ladens allmählich ein erster Verkäufer wird. Die Lagerhalter sträubten und sträuben sich noch heute mit allen Kräften gegen diese Entwicklung, wodurch sie sehr verlangsamt worden ist. Steht diese Gesamtrichtung der Entwicklung fest, so gehen doch die Anschauungen über das letzte Ziel auseinander. Die Bedeutung dieses ersten Verkäufers, der die Verteilungsstelle leitet, wird verschieden eingeschätzt. Trotz Mitgliederausschuß wird von manchen Genossenschaftern stark betont, daß die Initiative des Leiters der Verteilungsstelle von großer Bedeutung für Umsatz und Mitgliederzunahme ist und man dementsprechend dem Lagerhalter auch eine gehobene Stellung geben muß. Unabhängig von der Stellung des Lagerhalters ist seine Bezahlung gleich der des anderen Personals durchweg auf festes Gehalt gestellt. Mit der Vergrößerung der Verkaufsstellen ist die Zahl der neben dem Lagerhalter beschäftigten Verkäufer und Verkäuferinnen sehr angewachsen, für die bald Unterrichtskurse eingerichtet werden. Damit wird auch die Einrichtung der Lehre im Verein gleichfalls aktuell, doch sind all diese Dinge noch in der Entwicklung begriffen. Ein klares, leistungsfähiges Lehrverhältnis für Konsumvereinsverkäufer hat sich noch nicht herausgebildet. Eine interessante Neuerung hat die Hamburger „Produktion" in der letzten Zeit eingeführt. Sie hat aus ihrem Verkaufspersonal eine Anzahl tüchtiger Verkäuferinnen ausgewählt, die sie als Lehrverkäuferinnen in die Verkaufsstellen schickt. Die Instruktorinnen bedienen nicht, sondern beobachten das Personal und lernen es auf Grund der beobachteten Fehler richtig an. Die Ergebnisse waren ausgezeichnet und zeigten sich sofort im Umsatz der betreffenden Verkaufsstellen. Ähnliche Maßnahmen hat übrigens der amerikanische Tabaktrust getroffen.

Die Frage *männliches oder weibliches Verkaufspersonal* ist noch ungeklärt. Von den 32000 Verkaufspersonen, die die Statistik für 1921 aufweist, sind 11000 männlich und 21000 weiblich. In den Revisonsverbänden ist das Verhältnis außerordentlich verschieden. So halten sich beide Gruppen in Mitteldeutschland fast die Wage: 1000 männliche, 1300 weibliche, dagegen stehen in Württemberg 446 männlichen 1369 weibliche gegenüber. Die Unterschiede beruhen zum Teil auf provinziellen Eigenarten. So ist die württembergische Bewegung allgemein stark auf weibliche Kräfte eingestellt, in anderen Gegenden hängen die Verschiedenheiten mit der Größe der Verkaufsstellen zusammen. Ein Verband mit vielen großen Verteilungsstellen hat einen höheren Prozentsatz (Sachsen) Verkäuferinnen als einer mit kleinen ländlichen Stellen (Mitteldeutschland), aber auch in den großen Konsumvereinen ist das Zahlenverhältnis durchaus ungleich, auch in denselben Verbänden. So hat Dresden-Pieschen nur männliches Personal und Leipzig-Plagwitz 9/10 weibliches. Ein Vergleich der Statistik mit den

Zahlen früherer Jahre zeigt Schwankungen, aber keine bemerkenswerten Veränderungen des Gesamtanteils des männlichen Verkaufspersonals. Der Anteil des männlichen Verkaufspersonals im gesamten Verband Deutscher Konsumvereine war immer ein schwaches Drittel.

Ist die gesamte Personalfrage im Konsumverein überhaupt noch ungelöst, so gilt dies in besonders starkem Maße für das Verkaufspersonal, bei dem, abgesehen von den spezifischen genossenschaftlichen Erfordernissen, auch die reinen kaufmännischen Organisationsfragen noch in der Lösung befindlich sind.

Der Geschäftsbetrieb in den Verkaufsstellen der Konsumvereine ist dadurch besonders erschwert, daß der Geschäftsandrang unregelmäßig ist und durch die Lohnzahlungstage beeinflußt wird. Infolgedessen war der Zwang, für die Tage des starken Andranges, Freitag und Sonnabend, in Pfund- und Zweipfundtüten fertig gepackte, „abgefaßte" Ware vorrätig zu haben, besonders stark; andererseits war das Abfassen in den Tagen ruhigen Geschäftsganges die beste Beschäftigung für das in dieser Zeit nur wenig ausgenutzte Personal. Gegen zentrales Abfassen im Zentrallager sprachen die Kosten, während die Kontrolle damit ganz erheblich erleichtert worden wäre. Die erste Empfehlung für zentrales Abfassen, die ich gefunden habe, stammt aus dem Jahre 1875. Ob sie schon erheblichen Erfolg hatte, ist unklar. Im ganzen wird man wohl sagen können, daß dieses Abfassen in der Zentrale sich auf Kaffee, Gewürze und ähnliches beschränkt, wozu die Markenartikel treten, die in festen Packungen geliefert werden. Für dieses Abfassen auf dem Zentrallager werden überall, wo es überhaupt besteht, die modernsten automatischen Wagen und Abfaßmaschinen verwandt.

Kasse, Kontrolle, Manko.

Für diese Fragen stehen zwei Tatsachen im Vordergrund. Erstens: Alle primitive Organisation beginnt mit der Kaution. Zweitens: Die Stellung der Lagerhalter in den ersten Vereinen war sehr selbständig. So war der Konsumverein ursprünglich vollständig auf die Haftung des Lagerhalters für seine Ware gestellt, der zur Sicherheit eine Kaution hinterlegen mußte. Diese ursprüngliche Organisation hat sich bis in die letzten Jahre vor dem Kriege mehr oder minder stark erhalten, und Jahrzehnte hindurch haben deshalb die Streitigkeiten zwischen den Lagerhaltern und den Vereinen über die juristische Konstruktion der Haftung des Lagerhalters, über die Haftung für das Manko geschwebt.

Das Verhältnis zwischen Vereinen und Lagerhalter war folgendes: Der Lagerhalter erhielt die Waren vom Zentrallager oder direkt vom Lieferanten und mußte den gesamten Erlös daraus abliefern. Die Sicherheit, daß dieses geschah, war jedoch sehr gering. Eine gewisse Kontrolle bot die Rückvergütung. Jedes Mitglied wollte für die Ware, die es kaufte, seine Rückvergütung haben, und mußte infolgedessen vom Lagerhalter Quittungsmarken in der Höhe des Einkaufes erhalten — das Einkaufsbuch für das einzelne Mitglied hat keine sonderliche Rolle gespielt —. Diese Kontrolle war, solange diese Einkaufsmarken aus Blech- oder Pappmarken bestanden, nur scheinbar, denn mit der Bevorschussung der Rückvergütungsmarke eines einzelnen Mitgliedes konnte der Lagerhalter schon ein sehr gutes Geschäft machen, da er daran ungefähr 80—90 % des Nennbetrages der Marken, die das Mitglied in Händen hatte, verdiente. Wichtiger als die Kontrolle des Geldeinganges war daher immer der Vergleich der gelieferten Waren mit den abgelieferten Geldern für einen größeren Zeitraum, Vierteljahr oder halbes Jahr. Doch hier entstanden andere recht erhebliche Schwierigkeiten. Lagerschwund durch Eintrocknen und Wiegeverlust sind bei den Waren recht verschieden, und es gab schon in der allerersten Zeit umfangreiche Erörterungen, statistische Erhebungen darüber, was ein angemessenes Manko ist, d. h. um wieviel die tatsächliche Ablieferung des Lagerhalters differieren dürfte vom Kleinhandelspreis der gelieferten Ware minus Inventurbestand. Bei einem Manko hielt man sich am Lagerhalter schadlos, der insofern eben selbständiger Geschäftsmann wurde. Es bildeten sich mehr oder minder verschiedene Übungen heraus. Die einen gestatteten dem Lagerhalter ein gewisses Manko auf sämtliche Waren, andere nahmen die Zählwaren vom Manko aus, und wieder andere Vereine gaben ein Manko für Wiegewaren mit Sonderregelung für Butter. Es kam weiter sogar vor, daß Vereine dem Lagerhalter das Manko nicht als Fehlgrenze gestatteten, sondern von ihm nur eine Geldzahlung in Höhe der Lieferung minus Manko verlangten, so daß eine Nichtvollausnutzung des Mankos in die Tasche des Lagerhalters floß. Die Streitigkeiten um des Mankos willen waren nicht nur überaus zahlreich und höchst unerquicklich, sondern der Kampf um die Mankoregelung überhaupt verhinderte auch den Abschluß eines Reichstarifvertrages zwischen dem Zentralverband deutscher Konsumvereine und dem Lagerhalterverband, da die Lagerhalter die Überschreibung von Manko und Überschuß auf die nächste Inventurperiode forderten, ein Verlangen, das der Zentralverband in dieser Form ablehnte. Die Lagerhalter begründen diese Forderung mit der Möglichkeit von Fehlern bei der Inventur. Ein so entstandenes rechnungsmäßiges Pseudomanko ergibt bei der nächsten Inventur einen entsprechenden Überschuß. Sie haben stets eine Reihe von Beispielen für derartige fehlerhafte Inventuren angeführt. Auf der anderen Seite sprachen ernsthafte praktische Erfahrungen gegen die Überschreibungen. Im übrigen sind Inventuren, bei denen derartige Fehler vorkommen, wie sie die Lagerhalter aufführen (Döhnels Buch „25 Jahre Lagerhalterbewegung" bringt ganz interessante Beispiele), überhaupt keine Grundlage für irgendwelche Prüfung der richtigen Geldablieferung. Die Entwicklung ist hier jedoch einen ganz neuen Weg gegangen, der weder die rechtliche Konstruktion noch die Kaution, noch die Haftung des Lagerhalters nötig hat. Mit dem Entstehen des konsumvereinlichen Großbetriebes entstand die Kontrolle. Waren die Summen, die auf dem Spiel standen, stets so groß, daß sie für den Lagerhalter einen Anreiz bilden konnten, sein Gehalt erheblich zu erhöhen, so zeigten sich über die kleinen Mankoschiebungen hinaus noch so große ernsthaftere Veruntreuungsmöglichkeiten, die nicht nur Möglichkeiten blieben, daß es für die großen Vereine nötig und nützlich wurde, besondere Kontrollbureaus einzurichten, tägliche Kassenabrechnung, tägliche Rollenmarkenabrechnung, häufiger völlig unvermuteter Kassensturz durch Revisoren, die womöglich mit Auto ausgerüstet sind, damit sie möglichst kreuz und quer fahren können, denn auch Voranmeldung des Revisors hat man schon erlebt. Die Mankoergebnisse werden sehr genau verglichen, und es werden alle Möglichkeiten von Schiebungen (z. B. leichte und schwere Faßdeckel) festgestellt und verbaut. Auf diese Weise wurde aus dem alten Mankobetrieb mit Haftung ein Revisionsbetrieb, in dem nicht mehr die Haftung, sondern die Entlassung bei Unzulänglichkeit oder Veruntreuung das Wesentliche ist. Die Lagerhalter sind mit dieser Entwicklung außerordentlich unzufrieden und wehren sich sehr heftig, doch ist sie vorgezeichnet und geht in festen Bahnen, nur in einem verschiedenen Tempo, das von der Energie und der Autorität der Vereinsleitung abhängt. Charakteristisch für dieses Tempo ist, daß einer der größten sächsischen Vereine erst im Jahre 1923 zur Anstellung eines Revisors schreiten konnte. Ob bis dahin die Kontrolle des Lagerhalters durch das Zusammenleben mit den Mitgliedern wirklich, wie die Vereinsleitung meint, ernsthafte Veruntreuungen verhütet hat und es nur gilt, Frisierung der Inventur zwecks „guten Abschlusses" zu verhüten, scheint zweifelhaft. Die Inflationszeit mit ihren häufigen Preisänderungen war an sich ein Ansporn die Kontrolle der Verkaufsstellen ganz besonders gut auszubauen. Dieser Ausbau scheint jedoch durch andere Sorgen stark gehemmt worden zu sein.

Das Einkaufsbuch als Mittel zur Berechnung der Rückvergütung hat in Deutschland, soweit ich sehe, keine erhebliche Rolle gespielt. Die Rückvergütung ist stets auf Grund der Quittungsmarken, die das Mitglied beim Einkauf erhielt, berechnet worden. Diese Quittungsmarken bestanden aus Blech- oder Pappmarken mit aufgedruckten oder geprägten festen Werten, Rollenmarken oder Abschnitten der Registrierkasse. Die Rollenmarken sind eine Abart des Straßenbahnbilletts, nicht auf Blech, sondern auf Papierbändern gedruckte und numerierte Marken, die im Frieden über Beträge von 2—3 Pfennige bis 5 Mark lauteten.

Seit dem großen neuen Aufschwung der deutschen Bewegung um 1900 ist die Rollenmarke das herrschende Kontrollmittel geworden. Registrierkasse und unnumerierte Marken sind an Bedeutung zurückgetreten, ohne daß freilich die Registrierkasse völlig außer Übung gekommen wäre. Die unnumerierte Marke erleichtert zu viel Nebengeschäfte, als daß man sie in gut organisierten Vereinen noch dulden würde, während die Rollenmarke durch ihre Numerierung und die tägliche Marken- und Kassenabrechnung in Verbindung mit häufigen unvermuteten Revisionen ein sehr geschätztes und wertvolles Kontrollmittel geworden ist. Die Rollenmarken wurden im allgemeinen in kleinen Bündeln von 20.— dauernd entgegengenommen und gegen kleine Klebemarken, die über 20.— lauten, umgetauscht, so daß bei der Berechnung der Rückvergütung lediglich diese kleinen Marken zu verrechnen waren und die Rollenmarken während des ganzen Jahres einliefen und nachgeprüft wurden. Neuerdings werden an Stelle der Rollenmarken Paragonblocks verwandt, die gerade in Zeiten dauernder Preiserhöhungen wichtig sind; denn man kann mit ihrer Hilfe in der Zentrale wenigstens stichprobenweise die Umzeichnung der Waren kontrollieren.

Die Kassenführung ist im allgemeinen derart, daß für den einzelnen Laden nur eine Kasse besteht, die der Lagerhalter oder eine Verkäuferin führt. Sonderkassen für jede Angestellte und Sonderkassen, die vom Verkauf völlig getrennt sind wie im Warenhaus, haben sich in Deutschland nicht eingebürgert.

Bei dieser Kontrolle bilden die Verkäufe an Nichtmitglieder oder kleine eilige Verkäufe, bei denen der Käufer die Marke nicht nimmt, eine gewisse Schwierigkeit. Es muß dafür ein verschlossenes Kästchen aufgestellt werden, in das diese Marken eingeworfen werden. Immerhin hat die Kontrolle an dieser Stelle ein Loch. Es spielt übrigens der Verkauf an Nichtmitglieder keine Rolle. Ursprünglich hat man sich zwar vielfach darüber unterhalten, und in den alten Konsumvereinsanweisungen aus den sechziger und siebziger Jahren tauchen immer wieder die Vorschriften auf, Verkäufe an Nichtmitglieder gesondert zu führen und den Gewinn an diesen Verkäufen nicht als Rückvergütung auszuschütten. Doch kam die Bewegung selbst zu der Überzeugung, daß ein dauernder Verkauf an Nichtmitglieder ihren Interessen wenig entspricht, weil der Konsumverein mit seiner Gesamtarbeit auf der Idee aufbaut, daß der Konsum organisiert werden muß, daß man also für den bekannten Bedarf der Mitglieder arbeiten und nicht in die freie Konkurrenz des Marktes eintreten will. Die Vorschrift, daß nur an Mitglieder verkauft werden darf, die 1890 in das Genossenschaftsgesetz hineinkam, wurde infolgedessen an sich nicht als eine Schädigung empfunden. Schon in der Musterinstruktion für Lagerhalter in Schneiders Taschenbuch ist die Anweisung an die Lagerhalter, die Legitimationskarte der Mitglieder zu prüfen, enthalten. Nur die vielen Schikanen, die bei mittelständlerisch gesinnten Behörden mit der Durchführung verbunden waren, haben sich störend bemerkbar gemacht.

Das Herrschende war in der deutschen Konsumvereinsbewegung stets der Verkauf im Laden. Bei einzelnen Waren, Kohl, Winterkartoffeln, ergab sich die Lieferung der größeren Menge ins Haus von selbst. Ebenso wurde dort, wo Weißgebäck in erheblicher Menge hergestellt wurde, dieses schon zeitig ins Haus geliefert. Im übrigen sind aber nur vereinzelte Versuche gemacht worden, die Waren ins Haus zu liefern, z. B. in Anpassung an die örtlichen Gewohnheiten (Bierlieferung). Es scheint jedoch nicht, daß diese Versuche auch nur örtlich von Bedeutung gewesen sind, geschweige Vorstufen zukünftiger Entwicklung darstellen.

Eine Untersuchung über die Umschlagszeit scheint in gegenwärtiger Zeit nicht am Platze. Die Vorkriegszahlen sind veraltet, die gegenwärtigen Ziffern stellen keine Normalverhältnisse dar. Überdies ist die genossenschaftliche Statistik für derartige Feststellungen wohl auch noch nicht reif. Hier wird sich brauchbares Rohmaterial erst aus den Arbeiten der Sekretäre der großen Vereine ergeben, die benachbarte Genossenschaften systematisch vergleichen und so die Fehlerquellen auszuscheiden lernen.

Das Lieferantengeschäft (Abschluß von Rabattverträgen für die Mitglieder mit Geschäftsleuten) ist eine spezifisch süddeutsche Eigentümlichkeit, die von der Gesamtbewegung stets abgelehnt wurde. Im Jahre 1913 betrug der Eigenumsatz 472 Millionen Mark, der Lieferantenumsatz nur 32,9 Millionen Mark. In Sachsen stand einem Eigenumsatz von 106 Millionen Mark ein Lieferantenumsatz von 2,6 Millionen Mark gegenüber. Am stärksten war das Lieferantengeschäft im südwestdeutschen Verband mit 8,6 Millionen Mark gegenüber 37 Millionen Mark in den Vereinsläden.

Konkurrenz.

Das Prinzip der Konsumvereine war seit der Rochdaler Gründung Verkauf zu Tagespreisen. Die Bewegung hat es jedoch nie für ihre Aufgabe gehalten, die Preise des Handels zu übernehmen, sondern hat unter Tagespreis stets einen angemessenen Preis, der eine Marge zum Ausgleich für Konjunkturschwankungen ließ, verstanden und es infolgedessen für Ehrenpflicht gehalten, bei Überspannung der Preise durch den Handel preisregulierend einzugreifen. Abgesehen von den Gebieten mit kleinen, alten Vereinen, in denen die Konsumvereine als eine Art Zwangssparkasse gewirkt haben, waren die Konsumgenossenschaften im allgemeinen auch, insbesondere in der Großstadt, darauf angewiesen, nicht nur mit der Rückvergütung, sondern auch durch die Preise neue Mitglieder anzuziehen und die gewonnenen Mitglieder zu Käufern zu machen. Für den größten Teil der Bewegung spielte daher die Preisgestaltung gegenüber der Konjunktur stets eine wesentliche Rolle. Von Rheinland-Westfalen und Südwestdeutschland abgesehen, standen den Konsumvereinen als Konkurrenten nur die Händler gegenüber. Der kleine Krämer, der womöglich tagsüber in der Fabrik arbeitet, das Geschäft von der Frau versehen läßt, und seine Ware vom 5-Pfund-Grossisten bezieht, war natürlich nie, trotz seiner geringen Spesen, eine irgendwie zu zählende Konkurrenz. Etwas anders stand es mit dem regulären Händler, insbesondere, nachdem der gemeinschaftliche Einkauf auch unter diesen Lebensmitteldetaillisten in Aufnahme gekommen war. Doch trotz Rabattsparverein und sonstigen Mitteln konnten die Konsumvereine dieser Konkurrenz gegenüber sich, abgesehen vielleicht von einer kurzen Zeit nach dem

Kriege, wo die höheren Löhne der Konsumvereine sich besonders stark in der Kalkulation bemerkbar machten, gut bestehen. Die einzige ernsthafte Konkurrenz aus dem alten Kleinhandel bildeten die ziemlich seltenen Großbetriebe ohne Filialen, Läden mit großem Personal, damit großem Umsatz und hinreichender Kapitalkraft, die doch durch stärkere Ausnutzung des Personals und vorsichtiges Wiegen und ähnliches gegen den mittleren Verein leidlich aufkommen konnten. Im Westen Deutschlands spielten die Konsumanstalten als Konkurrenz eine sehr ernsthafte Rolle, da sie als Nebenbetriebe großer industrieller Werke auch ohne Subventionierung bei der Kapital- und Raumbeschaffung usw. allerhand Vorteile hatten, konnten sie recht leistungsfähig sein und mancher Geschäftsführer hatte seine Sorge, gegenüber der Konsumanstalt stets auf der Höhe zu bleiben. Ähnlich bedeutsam waren die Lebensmittelfilialbetriebe, und zwar scheinen die Kaffeefilialbetriebe kaum irgendwie die Konsumvereine tangiert zu haben, dagegen sehr stark die speziell in Südwestdeutschland verbreiteten Großbetriebe mit Filialen, die den gesamten Lebensmittelhandel umfaßten. Nach der erschöpfenden, grundlegenden Schilderung, die Hirsch in seinen Filialbetrieben gegeben hat, braucht irgendeine Schilderung dieser Konkurrenz hier nicht wiederholt zu werden, und es kann die Feststellung genügen, daß diese Filialen nicht nur als ernsthafte Konkurrenz gewertet wurden, sondern auch die Ausbreitung des Konsumvereinswesens in diesen Gegenden wohl etwas hemmten.

Ganz gleichgültig, wie die Konkurrenz beschaffen war, hat jeder einigermaßen in seiner Organisation auf der Höhe befindliche Verein es für selbstverständlich erachtet, dauernd durch Probekäufe und sonstige Preisbeobachtung die Leistungsfähigkeit der Konkurrenz zu verfolgen und seine eigene daran zu messen.

Die Stärke des Konsumvereins liegt zunächst im Einkauf darin, daß er

1. als größerer Betrieb größere Mengen kauft und damit günstiger, weil er nicht gezwungen ist, beim letzten Grossisten zu kaufen, sondern zum Teil größere Umsätze macht als dieser;
2. hat der Verein außerdem noch die Anlehnung an die Großeinkaufsgesellschaft, die als Riesengrossist alles unter möglichster Umgehung von Zwischenhandel kaufen kann und durch ihre Zusammenfassung des Einkaufs und der Einkaufserfahrungen der ganzen Bewegung den Einkauf sehr viel richtiger beurteilen und beraten kann als der Kleinhändler oder auch der Provinzgrossist;

3. ist der Verein stets kapitalkräftiger als der Einzelhändler;
4. hat er einen nicht zu unterschätzenden Rückhalt an anderen Vereinen. Während sich die Händler der einzelnen Stadt trotz alles organisatorischen Zusammenschlusses als Konkurrenten gegenüberstehen und mit dem Händler aus der Nachbarstadt, der nicht ihr Konkurrent ist, doch nur selten und wenig Fühlung haben, kommen die Geschäftsführer der Konsumvereine in großen und kleinen Bezirken andauernd zusammen und haben auch ohne planmäßige Organisation dafür einen Erfahrungsaustausch, wie ihn keine Händlerorganisation günstiger schaffen kann. Insbesondere ist für sie auch der Erfahrungsaustausch mit ähnlichen Betrieben aus anderen Landesteilen, der beim Händler fast ganz unmöglich wird, außerordentlich wichtig;
5. geben lokale und zentralisierte Eigenproduktion den Vereinen einen erheblichen Vorsprung gegen den reinen Händler.

Beim Vertrieb hat der Konsumverein
1. gegenüber dem Händler dadurch, daß eine Anzahl Läger von einer Zentrale aus versorgt werden, einen raschen Warenumschlag;
2. er hat auch hier den Erfahrungsaustausch in der Kontrolle des Personals und der Betriebsorganisation;
3. die Kunden sind bereits vorhanden, bevor der Laden eröffnet wird. Er spart an Aquisitionsspesen. Die Propaganda mit Hilfe der Mitglieder stellt sich selbstverständlich unendlich viel billiger als alle Geschäftsreklame;
4. die zentralisierte Verwaltung stellt sich billiger, als wenn für jeden einzelnen Laden der gleiche Verwaltungsapparat aufgezogen werden muß.

Die Schwächen des Konsumvereins gegenüber dem einzelnen Laden bestehen vor allem auf dem Gebiete des Personals. Dieses arbeitet doch nicht in derselben Weise wie der gute selbständige Kaufmann, der für sein eigenes Wohlergehen und für seine Zukunft arbeitet. Andererseits ist der von der Zentrale geschulte und beaufsichtigte Lagerhalter vielfach immer noch besser als der durchschnittliche selbständige Kaufmann, der auf sich gestellt ist, trotz alles Eigeninteresses. Mehr Bedeutung hat schon der Umstand, daß die Konsumvereine ihr Personal stets erheblich besser bezahlen mußten und viel weniger ausnutzen konnten als die Konkurrenz. Auch das Mitschleppen schlechter Läden, das Hirsch als charakteristisch für den Filialbetrieb anführt, kann bei Bezirkskonsumvereinen unter Umständen eine beachtliche Rolle spielen. Schließlich muß dem Lagerhalter nach der ganzen Konstruktion der Vereine die Bewegungsfreiheit fehlen, die der private Händler hat, was sich beispielsweise im Gemüsehandel bemerkbar gemacht hat.

Gegenüber dem Großfilialbetrieb sind die Vorteile beim Einkauf vielfach erheblich geringer als gegenüber dem Einzelkaufmann. Von Bedeutung ist auch hier in erster Linie das Personal. Der Konsumverein hat nicht dieselbe Bewegungsfreiheit wie ein Privatgeschäft. Er kann ungeeignetes Personal viel schwerer abstoßen und zeigt auch in Schaufensterdekoration, Aufmachung des Ladens vielfach diese Rückständigkeit gegenüber dem Großfilialisten.

Die Rabattsparvereine haben hier und da einem Konsumverein einmal zu schaffen gemacht. Im ganzen war die Ausgabe privaten Rabattes als Gegenmaßnahme gegen die Anziehungskraft der Rückvergütung im Konsumverein ein Fehlschlag. Der wilde Handel in den Betrieben, der während des Krieges entstand und sich nach Kriegsschluß teilweise noch weiter ausdehnte, hat die Vereine vorübergehend wahrscheinlich in ihrer Ausdehnung gehemmt, ohne sie irgendwie ernsthaft beeinflußt zu haben. Auch die gewerkschaftliche Warenversorgung, gegen die die Konsumgenossenschaften sich recht heftig wandten, ist als praktische Konkurrenz wohl nicht von Bedeutung gewesen; doch stellte sie durch ihre Existenz und ihre Firma eine Diskreditierung der Konsumgenossenschaften dar.

B. Die Geschäftszweige.

Auch in Deutschland wurden hier und da Spezialkonsumvereine gegründet; so plante man in den Anfangszeiten der Bewegung einmal Errichtung von genossenschaftlichen Fleischereien. Es sind auch ein paar Genossenschaftsbäckereien von den Konsumenten und nicht von Bäckergesellen gegründet worden, aber für das Gesamtbild sind diese Abweichungen völlig unerheblich. Die deutsche Konsumgenossenschaftsbewegung als Ganzes ist stets in erster Linie auf das Lebensmittelgeschäft (Kolonialwaren, Landesprodukte) gestellt gewesen. Sie unterscheiden sich dadurch sehr stark von der französischen und belgischen und auch von der englischen Bewegung. An diesen Kern des Geschäftes sind später Bäckereien angegliedert worden und zum Teil sehr zeitig Manufakturwaren, während die Fleischerei erst sehr viel später kam und auch heute noch kein üblicher Geschäftszweig des großen Konsumvereins ist. Die kleinen Dorfkonsumvereine mußten vielfach genau so wie der Dorfkrämer aus Konkurrenzrücksichten mit allem möglichen handeln und kamen so auch in den ersten Stadien ihrer Entwicklung bereits zu Haushaltsartikeln und Manufakturwaren.

Bäckerei.

Die Bäckerei war wohl der erste Zweig der Eigenproduktion, der in den Konsumvereinen betrieben wurde. Sie setzt bereits in den sechziger Jahren ein und wird den Vereinen im Jahre 1875 schon sehr empfohlen; in der ganzen Zeit ist kein großer Mißerfolg eines Konsumvereins in seiner eigenen Bäckerei zu verzeichnen. Die großen Vereine haben sämtlich erstklassige moderne Anlagen, mit denen die der englischen Konsumvereine einschließlich der großen Zentralgenossenschaftsbäckerei in Glasgow nicht konkurrieren können; sie sind technisch und hygienisch unendlich viel besser als die englischen Bäckereien in Vereinen entsprechender Größe. Die größeren Vereine arbeiteten vor dem Kriege mindestens mit Zweischichten-, vielfach mit Dreischichtenbetrieb, erzielten dadurch eine gute Ausnutzung der Maschinen und der Wärme und sparten an Anlagekapital. Die Brotbäckerei ist ein typisches Objekt für den Großbetrieb; — es wäre übrigens eine dankbare Aufgabe, einmal zu untersuchen, woher die unterschiedliche Entwicklung in Deutschland kommt, wieso die eine Großstadt kaum irgendwelche nennenswerten privaten Großbetriebe hierin aufzuweisen hat, während in anderen (in erster Linie ist hier Hamburg zu nennen) große Brotfabriken bestehen —. Für die Konsumvereine war die Entwicklung durch diese Tatsache vorgeschrieben, und sie sind den Weg rasch und sicher gegangen. Dank ihrer größeren Kapitalkraft beim Einkauf, ihrer besseren Ausstattung (Mehlsieb- und Mischanlage) konnten sie trotz ihrer erheb-ich höheren Löhne zu dem gleichen Preise besseres und meist auch schwereres Brot liefern als der kleine Handwerksbetrieb. Wo sie die Konkurrenz von Brotfabriken zu bestehen hatten, die mit dem gleichen Apparat, aber zwei Zehnstundenschichten statt drei Achtstundenschichten arbeiteten, war die Lohndifferenz so erheblich, daß sie außerordentlich sorgfältig arbeiten und dauernd das Brot der Konkurrenz wiegen mußten, um konkurrenzfähig bleiben zu können.

Kleingebäck.

Ganz anders liegen die Verhältnisse bei der Herstellung von Kleingebäck. Dieses ist zwar auch ein relativ einfacher Massenartikel, bei dem die maschinelle Ausrüstung eine gewisse Rolle spielt, aber hier ist der Vertrieb ungleich schwieriger als beim Brot. Das Kleingebäck wird frisch genossen; es ist keine Ware, die man sich auf Vorrat holen kann. Der Verein mußte also entweder dort, wo das Brötchenaustragen üblich war, ebenfalls einen derartigen Betrieb einrichten, was auch zeitig geschehen ist, oder sich darauf beschränken, die Mitglieder zu versorgen, die in unmittelbarer Nähe der Verkaufsstellen wohnen. Der Austragebetrieb funktionierte vor dem Kriege in einer ganzen Reihe von Vereinen, trotz seiner relativ hohen Spesen, recht gut.

Nach den sehr verdienstvollen Erhebungen des Bäckerverbandes entfielen in den Jahren vor dem Kriege etwa vier Fünftel der gesamten Betriebsproduktion auf Brot; der Anteil des Brotes sank langsam. Der Anteil des Kuchens stieg von rund 3 auf rund 5%.

Im Kriege wurde aus ernährungspolitischen Gründen ein Nachtbackverbot erlassen, das nach Fortfall dieser Gründe aufrechterhalten wurde. Es bedeutet eine schwere Schädigung der Großbetriebe, die ihre Maschinen und Öfen nicht voll ausnutzen können, ohne daß bei Dreischichtenbetrieb noch sozialpolitische Gründe für die Aufrechterhaltung sprechen. Die Genossenschaften haben im Einvernehmen mit den Gewerkschaften eine Änderung vorgeschlagen, der Bäckerverband hat dagegen jedoch den allerheftigsten Kampf geführt. Er erklärt, die Gestattung des Dreischichtenbetriebs hätte auch die Wiederaufhebung der Nachtarbeit im Kleinbetrieb zur Folge, wogegen ja tatsächlich erhebliche sanitäre Gründe sprechen. Es scheint jedoch, als ob die Haltung des Verbandes nicht nur durch diese Gründe beeinflußt ist, sondern auch durch Do-ut-des-Politik gegenüber den Bäckermeistern.

Über die Ausdehnung des Bäckereibetriebes unterrichtet folgende Übersicht aus der Statistik des Jahres 1921:

Siehe Tabelle Seite 48.

Für den Vertrieb des gesamten Gebäckes haben die größeren Vereine zum Teil besondere Brotläden eingerichtet, zum Teil unmittelbar bei den größeren Verkaufsstellen, die auf diese Weise entlastet wurden, zum Teil im Interesse des Weißgebäckumsatzes zwischen den Verkaufsstellen, so daß für die Mitglieder erheblich mehr Möglichkeiten bestanden, Weißgebäck zu kaufen, als nur in den Kolonialwarenläden.

Kuchenbäckerei und Konditorei sind den Großbäckereien vielfach angegliedert worden. Ein nennenswerter dauernder Umsatz kann

1921	Zahl der Vereine	Davon betreiben Bäckerei	Umsatz der Bäckerei in Proz. des Umsatzes im eig. Geschäft	Von den großen Vereinen haben Bäckerei	Umsatz der Bäckerei in Proz. des Umsatzes im eig. Geschäft
Bayern.	119	23	19	alle	14
Mitteldeutschland	253	24	10	"	16
Nordwestdeutschland.	147	26	9	15 von 18	10
Ostdeutschland. .	138	22	13	alle	18
Rheinland-Westfalen . .	55	21	13	"	15
Sachsen.	142	37	10	9 von 10	12
Schlesien	49	11	10	alle	13
Südwestdeutschland	108	29	8	"	11
Thüringen . . .	184	69	11	"	15
Württemberg . .	107	21	7	"	10
	1302	283	10,4		13

von ihnen natürlich nur erzielt werden, wenn Spezialbrotläden existieren, sonst sind sie auf das Sonnabendgeschäft beschränkt; hier spielt die Bestellung eine erhebliche Rolle. Im Rahmen des Ganzen sind sie nicht von Bedeutung, sondern nur Versuche unternehmungslustiger Verwaltungen, von Ausnahmen wie der sehr bedeutenden Dresdner Stollenbäckerei abgesehen.

Mühlen.

Das deutsche Mühlengewerbe war vor dem Kriege auf billige Wasserzufuhr des Importgetreides angewiesen. Der Müllereibetrieb gehörte daher durchaus zu den künftigen Aufgaben der Großeinkaufsgesellschaft und nicht zu denen der einzelnen Konsumvereine. Trotzdem ist die Hamburger „Produktion" dazu übergegangen, eine Mühle zu errichten, und es sind auch später von anderen Vereinen einige Mühlen erworben worden, so von München ein Großbetrieb in der Nähe von Ingolstadt. Leipzig-Plagwitz hatte sich sehr zeitig eine eigene Mühle errichtet. Bei dem großen Kapitalbedarf der Mühlen ist ein Weiterschreiten auf dieser Bahn in nächster Zeit wohl ausgeschlossen.

Fleischerei.

Der Fleischereibetrieb galt in den letzten Jahren vor dem Kriege als besonders schwierig und riskant für eine Konsumvereinsverwaltung, und große, leistungsfähige Vereine haben sich vor Experimenten gehütet. In den ersten Jahren der Konsumvereinsentwicklung war man auf diesem Gebiete minder vorsichtig und sehr viel hoffnungsfroher. In den siebziger Jahren scheint ein Gründungsfieber gerade für Fleischereien geherrscht zu haben, die aber im ganzen nach Verlusten wieder stillgelegt werden mußten, so daß der Konsumverein Magdeburg sich in seinem Jahresbericht für 1875 dahin aussprach:

„Nach allen unseren Erfahrungen und den eingezogenen Erkundigungen des Fleischkonsumvereins haben wir jede Hoffnung aufgegeben, daß irgendein Verein diesen Geschäftszweig mit günstigem Erfolge wird betreiben können. Es müßten sich denn alle günstigen Umstände vereinigen, die zu einem anderen Resultat allein zu führen geeignet sind, ein redlicher, vorzüglicher Viehkenner als Einkäufer, aufmerksame, unermüdlich tätige Kontrolleure, Meister und Gesellen und treue Verkäufer. Da sich das niemals vereinigen wird, so lasse man es bei den gewaltigen Bedenken des Magdeburger Vereins bewenden."

Auch der bekannte Genossenschafter Oppermann äußerte sich im gleichen Jahre (Blätter für Genossenschaftswesen im Jahre 1875, S. 233) folgendermaßen:

„Was den Betrieb der Schlächterei anlangt, könnte den Konsumvereinen nur empfohlen werden, diesen Geschäftszweig nicht aufzunehmen, denn es ist bisher nirgends geglückt, dauernde Erfolge zu erzielen."

Die „Blätter für Genossenschaftswesen" hatten bereits im Jahre 1874, S. 235, redaktionell ihre Bedenken ausgesprochen:

„Wenn auch die Schlächterei, wie die Erfahrungen aller Orte beweisen, recht gut ihren Mann ernährt, so hat der Betrieb einer Schlächterei durch eine Genossenschaft doch so viele große Schwierigkeiten, die man ja nicht unterschätzen darf."

Dann bestand wohl längere Zeit Ruhe. Einen neuen Impuls zur Gründung von Genossenschaftsfleischereien erhielt die Bewegung erst wieder nach 1900. In dieser Zeit handelt es sich um zwei recht verschiedene Wege. Einmal richteten kleine Vereine einfache Fleischereien, unter Umständen lediglich auf Schweine beschränkt, ein, und dann gingen größere Vereine dazu über, Großschlächtereien, zum Teil in Dimensionen, wie sie der Privatbetrieb noch nicht kannte, zu errichten. Die allgemeine Aufmerksamkeit wurde auf diese Großfleischereien durch den Zusammenbruch des Konsumvereins Connewitz gerichtet, der ein Opfer seiner Fleischerei geworden ist. Der Nachbarverein Leipzig-Plagwitz hat dann den Konsumverein übernommen und mit ihm auch die Fleischerei, die er weiterführen mußte; aber noch 1911 erklärte der Geschäftsführer der Fleischerei auf dem Sächsischen Genossenschaftstag, ohne die Connewitzer Sanierungsfusion hätten sie noch heute keine Fleischerei. Im Jahrbuch von 1908 sagt Heinrich Kaufmann über die Fleischerei folgendes:

„Schlächtereien in kleinem Maßstabe haben rund 20 Vereine. Ob und in welchem Umfange die kleine Schlächterei und die einfache Schweineschlächterei, hier und dort auch die Hausschlächterei, allgemein zur Einführung empfohlen werden kann, läßt sich heute noch nicht beurteilen; hier macht man bessere Erfahrungen, dort schlechtere. Im allgemeinen ist der Schlächtereibetrieb ein sehr gewagtes Unternehmen. Nur sehr kapitalkräftige Vereine, die einige Jahre lang jedes Jahr etliche Tausend Mark daran wenden können, die eine sichere, vorsichtige und hervorragend geschäftstüchtige Verwaltung haben und auch mit der zuverlässigen Grundlage unwandelbarer genossenschaftlicher Treue der Mitglieder rechnen dürfen, können sich in dieser Richtung versuchen. Großschlächtereien, die mit Erfolg betrieben werden, haben wir zurzeit nur zwei in Deutschland, nämlich die Schlächtereien des Konsumvereins Leipzig-Plagwitz und des Konsum-, Bau- und Sparvereins „Produktion", Hamburg. Was diese beiden Vereine geleistet haben, ist vorbildlich und kann ähnlichen großen, leistungsfähigen und kapitalkräftigen Vereinen zur Nachahmung wohl empfohlen werden. Allen mittleren und kleinen Vereinen dagegen möchte ich viel lieber empfehlen, aus den Großschlächtcreien dieser großen Vereine ihren Bedarf an Fleischwaren zu beziehen, als sich selbst auf das Experiment einer eigenen Schlächterei einzulassen."

In demselben Jahre warnte der allgemeine Genossenschaftstag dringend vor der Einrichtung von Genossenschaftsfleischereien; 1911 referierte Geschäftsführer Preißner (Leipzig-Plagwitz) auf dem Sächsischen Unterverbandstag. Die wesentlichen Punkte seiner Darlegungen sind: erstens hätte Leipzig-Plagwitz von sich aus nie die Fleischerei begonnen; zweitens, die Fleischerei erforderte ein hohes Betriebskapital, da zwar ungefähr das halbe Kapital binnen vierzehn Tagen umgeschlagen werde, die andere Hälfte aber Wochen und Monate gebunden und ohne Herstellung von Dauerware ein großer Fleischereibetrieb für die Konsumvereine unmöglich sei. Welche Schwierigkeiten sich aus der Eigenart des Fleischverkaufes und des Personals für den Fleischverkauf ergeben, geht aus seiner Feststellung hervor, daß sie ursprünglich 15—18% Manko hatten und dann allmählich auf 2% heruntergekommen wären. Für den Betrieb sind unbedingt eigene Fleischläden nötig und sehr genaue Spezialkalkulation. Preißner wies auch auf die für die Konsumvereinsfleischerei besonders wichtige Lohndifferenz zwischen Konsumvereinsbetrieb und Privatbetrieben hin.

Der Allgemeine Genossenschaftstag des Zentralverbandes befaßte sich 1913 mit der Fleischereifrage, über die einer der Geschäftsführer des großen Baseler Konsumvereins referierte.

Die Ursache war das Bedürfnis der großen Vereine, in Industriegegenden Fleisch- und Wurstwaren zu führen. In der Diskussion berichtete der Geschäftsführer Rieger von der Hamburger „Produktion" ausführlich über die Entstehung ihrer Fleischerei. Für die Gründung maßgebend war die Überlegung, daß Brot und Fleisch beim norddeutschen Arbeiter 50% der gesamten Aufwendungen für den Haushalt ausmachen. Da die „Produktion" deshalb über kurz oder lang zur Einrichtung einer Fleischerei schreiten mußte, entschloß man sich bereits 1903 zu dem Schritt. Wesentlich aus Riegers Darlegungen ist folgendes: Er warnte vor Pessimismus, betonte die Schwierigkeiten, die sich aus dem Großbetrieb ergeben. Bei dem damaligen Geschäft setzte die „Produktion" 3 Millionen Mark in Fleisch und 4 Millionen Mark in Wurst um. Es handelte sich also durchaus nicht um die Zerlegung des Fleisches für den Verbrauch, sondern um ein recht beträchtliches Fabrikationsgeschäft mit langer Umschlagszeit. Dieses Fabrikationsgeschäft fand in der Größe und der Art kaum einen Vergleich in Privatbetrieben. Der Konsumverein mußte also bei den organisatorischen Schwierigkeiten die neuen Wege gehen und auch das Personal, das aus Kleinbetrieben kam, für den Großbetrieb erziehen. Rieger wies weiter auf die Möglichkeit hin, daß sich kleinere Vereine Schweineschlächtereien zulegen und die großen gemeinsame Einkaufsorganisationen schaffen und ausbauen könnten.

Während des Krieges sind vielfach Großfleischereipläne für die Zeit nach dem Kriege erörtert worden. Dabei dachte man vor allem an Großbetriebe, die von den Konsumvereinen eines Bezirkes gemeinsam geschaffen würden und ein größeres Gebiet zu versorgen hätten. Aus all diesen großen Plänen ist noch nichts geworden; als Geschäftsführer Everling von der Großeinkaufsgesellschaft, der nach Rieger die Fleischerei der „Produktion" geleitet hat, im Jahre 1922 auf dem Genossenschaftstag ein Referat über die Fleischversorgung durch die Konsumvereine hielt, lief es im wesentlichen auf eine Erörterung der Frage hinaus, wie können die Konsumvereine den Gefrierfleischimport organisieren oder besser, wie können die Konsumvereine das von der Großeinkaufsgesellschaft und der Fleischeinfuhrgesellschaft gemeinsam eingeführte Gefrierfleisch in den Verkehr bringen. In der Einleitung zu diesen Ausführungen über das Gefrierfleisch äußerte sich Everling auch über die eigentlichen Fleischereien. Er schätzte, daß die Konsumvereine 1921 2% des Fleischverbrauchs ihrer Mitglieder befriedigten. Als Ergebnis der bisherigen Entwicklung der Organisation meinte er, daß sie in erster Linie eine Frage der Persönlichkeit wäre; er wies auf die Schwierigkeit des Einkaufs wie der Wurstfabrikation hin und stellte tägliche Kalkulationen als unerläßlich hin. Schließlich sprach er von den Bedenken, die sich aus dem Personal ergeben, und betonte besonders stark die große Rolle des Betriebsdiebstahles in der neuesten Zeit. Über die Ausdehnung des Fleischereibetriebes unterrichtet folgende Übersicht aus dem Jahre 1921:

	Gesamtzahl der Vereine	Davon betreiben Fleischerei	Gesamt-eigenumsatz in Millionen Mark	Fleischereiumsatz in Mill. Mark	Große Vereine vorhanden	Davon betreiben Fleischerei	Gesamt-eigenumsatz in Millionen Mark	Fleischereiumsatz in Mill. Mark
Bayern	119	1	375	—	6	—	201	—
Mitteldeutschland	253	5	384	60,2	6	2	158	9,05
Nordwestdeutschland	147	4	928	52,3	18	3	747	52,0
Rheinland-Westfalen	55	3	768	17,4	13	3	708	17,4
Sachsen	142	6	820	29,0	10	1	525	25,9
Schlesien	49	—	189	—	6	—	119	—
Ostdeutschland	138	1	493	0,8	5	—	299	—
Württemberg	107	—	290	—	5	—	129	—
Südwestdeutschland	108	—	516	—	13	—	340	—
Thüringen	184	3	420	7,3	11	3	212	7,3
	1302	22	5183	116,9	93	12	3438	111,6

Es besitzen also vier Unterverbände nicht einen Fleischereibetrieb. Die 22 Betriebe mit 117 Millionen Mark Umsatz erzielen ungefähr 15% des Umsatzes in der Eigenproduktion aller Vereine und nur 2% vom Gesamtumsatz der Vereine. Die Umsätze werden fast ausschließlich in den 12 Fleischereien der großen Vereine erzielt; eine Ausnahme macht nur Sachsen, wo neben Leipzig-Plagwitz noch fünf kleinere Fleischereibetriebe mit zusammen 3 Millionen Mark Umsatz bestehen. Das sind 10% des sächsischen Fleischereiumsatzes. Hamburg und Leipzig-Plagwitz zusammen haben zwei Drittel des Gesamtfleischereiumsatzes erzielt. Diese Zahl ist dabei noch zu niedrig, da die Statistik für Hamburg ein Jahr zurückliegende Ziffern enthält. Bei der „Produktion" entfiel 1921 und 1922 je rund ein Viertel des Lebensmittelumsatzes auf die Fleischläden.

Insgesamt wird man über den Fleischereibetrieb sagen können, daß die deutschen Konsumvereine, von zwei großen Betrieben abgesehen, die über ausreichende Erfahrungen verfügen, und von denen der eine im Krieg als Konservenlieferant eine außerordentlich beachtliche Rolle gespielt hat (Hamburg, siehe Broschüre der „Produktion" über ihre Konservenfabrik), im Anfangsstadium der Entwicklung stehen. Ohne den Krieg wäre es wahrscheinlich inzwischen zur Gründung von weiteren Großbetrieben in der Form provinzieller Zentralgenossenschaften gekommen, für die Erfahrungen ausreichend vorlagen. Während des Krieges war an derartige Neuschöpfungen nicht zu denken, und nach dem Kriege setzte, sobald die Anpassung an die neuen Verhältnisse im Warengeschäft vollendet war, der Kapitalmangel bei den Konsumvereinen ein. Dazu kam die außerordentliche Verteuerung des Bauens und der maschinellen Einrichtungen für Großfleischereien, die die Errichtung neuer Großbetriebe unmöglich machte, da sie gegenüber den alten Betrieben, die im Kriege gut verdient und alles abgeschrieben hatten, unmöglich auf Rentabilität rechnen konnten. Die bisher gesammelten Erfahrungen wird man folgendermaßen zusammenfassen können: Der Rohstoff der Fleischerei, das Vieh, erfordert eine derartig individuelle Behandlung bei Einkauf und Kalkulation, daß sich die Fleischerei für den Großbetrieb, der stets auf fungibles Rohmaterial gestellt sein muß, wenig eignet. Durch vorsichtige Organisation des Einkaufes, besonders sorgfältige Kalkulation auf Grund der teuer erkauften Erfahrungen und sehr sorgfältig ausgewählte Leitung, die die vielen organisatorischen Probleme zu meistern versteht und sehr scharf rechnet, insbesondere auch der Abfallausnutzung besonderes Augenmerk schenkt, sind diese Schwierigkeiten zu überwinden, so daß wir nach Wiederherstellung normaler wirtschaftlicher Beziehungen mit einer starken Entwicklung auf diesem Gebiete rechnen können.

Da trotz der Erfahrungen, die bereits vorliegen, das Fleischereigeschäft für jeden Verein, der es im großen betreiben will, von neuem wieder ein erhebliches Risiko darstellt, ist neben einer guten Organisation des gesamten Vereins reichliches Betriebskapital, das auch Fehlschläge vertragen kann, eine der ersten Vorbedingungen.

Manufakturwaren.

Schon in der allerersten Zeit führten die damals bestehenden Vereine vielfach Manufakturwaren, so 1870 von 111 Vereinen 25, 1874 von 178 Vereinen 40. Von dieser Geschäftsausdehnung ist nicht viel übriggeblieben, so daß es sich in den achtziger Jahren und um 1900 bei der Einführung von Manufakturwaren durchaus um Neuschöpfung handelte. Bei diesem Geschäftszweig muß man den kleinen Dorfkonsumverein und den Verein der Großstadt unterscheiden. Der eine wird durch die Verhältnisse zum Dorfkrämer gemacht; für ihn stellen die Manufakturwaren ein starkes Risiko dar, das ihn vielfach gefährdet, aber nicht umgangen werden kann. Im großen Verein bereits der Mittelstadt bilden die Manufakturwaren einen neuen, großen und wichtigen Geschäftszweig, bringen den Verein auf eine höhere Entwicklungsstufe. Diese Entwicklung ist in Preußen durch die Warenhaussteuer fast ganz verhindert worden. Ob ohne Warenhaussteuer sehr viel mehr entstanden wäre, muß aber bezweifelt werden, da die um 1900 entstandenen Vereine im ersten Jahrzehnt ihres Bestehens reichlich mit dem Ausbau des Lebensmittelsgeschäftes und mit ihrer finanziellen Kräftigung zu tun hatten. Es ist auch bezeichnend, daß die Hamburger „Produktion" mit ihrer starken Initiative erst die Fleischerei aufgebaut hat und das Warenhaus, das sie zeitig plante, von vornherein für einen späteren Zeitraum in Aussicht nahm. In Sachsen und Süddeutschland fielen die steuerlichen Hemmnisse fort, die Vereine waren vielfach älter, und trotzdem war bei Kriegsausbruch nirgends etwas zu verzeichnen, das den Vergleich mit den englischen Verhältnissen aushielt. Immerhin existierten auch damals bereits eine Reihe konsumgenossenschaftlicher Warenhäuser, die nach dem Kriege vermehrt worden sind. Die „Produktion" erzielte in den beiden Jahren 1921 und 1922 in den Warenhäusern 5% ihres Gesamtkleinhandelsumsatzes.

Schuhwaren.

Die oben zitierte Statistik über Manufakturwaren führt für das Jahr 1870 drei Vereine und für 1874 zehn Vereine auf, die mit Schuhwaren handeln. Es liegt auch bereits aus dieser Zeit aus Rostock ein Protest der Schuhmacher gegen diese unlautere Konkurrenz des Konsumvereins vor. Für die Entwicklung des Schuhwarengeschäftes gilt im ganzen dasselbe wie für die Manufakturwaren.

Nur ein Fünftel der Vereine führen Schuhwaren. Die Verteilung auf die Revisionsverbände ist außerordentlich ungleich. Stark ist der Anteil in Sachsen, Schlesien, Thüringen, besonders schwach in Mitteldeutschland.

Von den großen Vereinen verkauft knapp die Hälfte Schuhwaren, jedoch fast sämtliche großen Genossenschaften in Sachsen und Thüringen.

Der Schuhwarenvertrieb durch die Konsumvereine ist also relativ schwach entwickelt; er lohnt sich auch nur, wenn man imstande ist, dafür Spezialgeschäfte einrichten zu können.

Gemüse.

Beim Gemüse ist zu unterscheiden der Verkauf in den Läden oder in neben den Läden gelegenen besonderen Gemüseverkaufsstellen, also völlig dezentralisierter Vertrieb, und der Verkauf in einigen oder einer großen Markthallen oder Warenhaus ähnlichen Verkaufsstelle. Der St. Annahof in Zürich (das Lebensmittelwarenhaus des „Lebensmittelvereins Zürich") stellt durchaus den zweiten Typ dar, beeinflußt wahrscheinlich durch Potins Pariser Häuser. Elberfeld richtete vor dem Kriege beides zugleich ein. Eine Reihe anderer Vereine experimentierten mit dem dezentralisierten Verkauf. All diese Versuche litten wohl darunter, daß der Leiter der Verkaufsstelle ziemlich freie Hand in der Preisfestsetzung haben muß, die ein Großbetrieb seinen Filialleitern nicht geben kann, während ein einziges Haus schon eher im Laufe des Tages die Preise herabsetzen kann, um zu räumen. Ferner stellte sich die Belieferung der Läden teuer, da die Zeit von 5—7 Uhr morgens als Überstunden zu bezahlen war. Als Erfolg wurde nur ein reger Besuch der Läden in den Morgenstunden gebucht. Ein abschließendes Urteil ist vorläufig noch nicht möglich.

Die Beschaffung von Winterkartoffeln ist vor dem Kriege vielfach eingeleitet worden. Die Erfahrungen waren nicht schlecht; aber es zeigten sich doch mancherlei Schwierigkeiten. Die Versuche nach dem Kriege ermöglichen keinerlei Urteil, so daß auch hier die Entscheidung der Zukunft überlassen ist.

Molkerei.

Auf dem Gebiete der Milchversorgung wird seit langem experimentiert, ohne daß bei Kriegsausbruch diese Experimente zum Abschluß gekommen waren. Man war wohl allgemein überzeugt, daß die Vereine die Verpflichtung haben, hier einzugreifen; man war sich aber andererseits klar, daß die endgültigen Formen noch nicht gefunden waren. Es ist anzunehmen, daß nach Wiederkehr normaler wirtschaftlicher Verhältnisse die großstädtischen Konsumvereine neue Vorstöße auf diesem Gebiete unternehmen werden.

Wein.

In Südwestdeutschland und Württemberg spielt der Most (Apfelwein) eine erhebliche Rolle als Volksgetränk. Infolgedessen sind die Konsumvereine auf Herstellung und Vertrieb von Most eingerichtet; daneben hat sich in einer Reihe von Vereinen ein richtiges Weingeschäft entwickelt, am bedeutendsten wohl im Stuttgarter Verein mit seiner aus alten Zeiten her aus allen Kreisen zusammengesetzten Mitgliedschaft; aber auch in spezifischen Arbeitervereinen hat sich der Weinvertrieb eingestellt, ohne freilich eine nennenswerte Rolle zu spielen.

Fische.

Der Fischvertrieb durch die Konsumvereine war vor dem Kriege noch durchaus im Versuchsstadium. Der Krieg brachte dann mit seiner amtlichen Propaganda des Fischkonsums eine gewisse Zunahme des Geschäftes im ganzen. Nach dem Kriege hat die Großeinkaufsgesellschaft ihren Fischvertrieb weiter ausgebaut; doch hängt der Fischumsatz der Konsumvereine noch außerordentlich stark von örtlicher Gewöhnung ab, so daß sich etwas Allgemeingültiges über diesen Geschäftszweig nicht sagen läßt. Vermutlich ist der genossenschaftliche Fischvertrieb nicht mit den nötigen Kapitalien aufgenommen worden. Nur kapitalkräftiger, sehr groß organisierter Vertrieb mit Rücknahme von nicht absetzbarer Ware und Umdisponierung dieser vermag hier Erfolge zu erzielen.

Haushaltsartikel.

Im Jahrbuch des Zentralverbandes Deutscher Konsumvereine ist für die einzelnen Vereine auch angegeben, ob sie Haushaltsartikel führen. Eine Durchsicht der Listen zeigt jedoch, daß auf diese Angabe wohl wenig Verlaß sein dürfte, da die Vereine offenbar nur angegeben haben, daß sie Haushaltsartikel führen, wenn sie für diesen Geschäftszweig besondere Lager eingerichtet haben, während zahlreiche Vereine, die in ihren allgemeinen Verkaufsstellen auch Haushaltsartikel vertreiben, dies zweifelsohne nicht angegeben haben. Eine große Rolle spielen die Haushaltsartikel noch nicht; doch nehmen sie an Bedeutung stark zu, wie sich aus dem Anwachsen dieses Geschäftszweiges bei der Großeinkaufsgesellschaft ergibt. Die größeren Vereine führen heute fast alle Haushaltsartikel.

Dem hat sich in letzter Zeit auch hier und da Möbelhandel angeschlossen; doch ist das angesichts der schwachen Kaufkraft der breiten Massen bei diesem Artikel erst ein kleiner Anfang.

Kohle.

Das Kohlengeschäft der Konsumvereine leidet von vornherein unter mannigfachen Erschwerungen. Das kleine Verhökern von Kohle, wie es in den Großstädten üblich ist, können die Konsumvereine nicht übernehmen. Für sie kommt nur die fuhrenweise Belieferung von einigen Zentnern aufwärts in Frage. Innerhalb dieses so gezogenen Rahmens wird das Geschäft aber zunächst dadurch erschwert, daß der Kohlenhandel in demselben Maße, wie seine Abhängigkeit von den Erzeugern wuchs, fester zusammengeschlossen wurde und als Gegengabe für seine wachsende Abhängigkeit den Ausschluß gemeinnütziger Kohlenlieferanten von der Belieferung forderte und vielfach erreichte. Die Bezugsbedingungen für Kohle sind daher für die Konsumvereine so ungünstig, daß man keinen Anreiz hatte, dieses Geschäft in großem Maße in Angriff zu nehmen. Eine Anzahl Vereine versorgen zwar ihre Mitglieder mit Kohle, haben auch besondere Lagerplätze und besonderen Lieferungsapparat dafür eingerichtet, doch bieten sich auch hierbei mancherlei dem Kohlenhandel spezifische Schwierigkeiten, die dem Konsumverein den Anreiz, dieses Geschäft zu übernehmen, verringern. So hat dieser Geschäftszweig, obwohl er sehr zeitig einsetzte und von Fell z. B. schon 1901 sehr propagiert wurde, noch keine sonderliche Ausdehnung gewonnen.

Futtermittel.

In den Konsumvereinen in halb ländlichen Gegenden und in den Bezirkskonsumvereinen, die viele Verkaufsstellen auf dem Lande haben, hat sich vielfach der Futtermittelhandel herausgebildet. Einige Vereine haben dazu auch eigene Schrotmühlen eingerichtet. Das Ganze ist jedoch durchaus abhängig von den örtlichen Eigentümlichkeiten, spielt heute in manchen Vereinen eine große Rolle und wird in manchen Gegenden wohl auch noch an Ausdehnung gewinnen, ohne jedoch von allgemeiner Bedeutung werden zu können.

Zum Schluß seien noch einige abschließende Bemerkungen über die Eigenproduktion gemacht. Von den 5,2 Milliarden Mark Umsatz des Jahres 1921 haben die Konsumvereine für 737 Millionen, das ist ein Siebentel, im eigenen Betrieb der Vereine hergestellt. Die Eigenproduktion der Großeinkaufsgesellschaft läßt sich in diese Berechnung nicht einbeziehen. In den einzelnen Verbänden sind die Verhältnisse recht verschieden. Der Anteil der Eigenproduktion am Gesamteigenumsatz schwankt für 1921 zwischen 7 und 17 %. Er bewegt sich in vier Verbänden um 10%. Der Gesamtprozentsatz wird durch Rheinland-Westfalen und Nordwestdeutschland in die Höhe getrieben.

Nebenbetriebe.

In jedem größeren Konsumverein entsteht bald eine Reparaturwerkstatt für den Fuhrpark, die ohne Rücksicht auf Rentabilität dem Betriebsleiter angenehm ist, weil er so auf schleunigste Herstellung der Reparaturen rechnen und beliebig disponieren kann. Als Füllarbeit werden vielfach Neuanfertigungen vorgenommen. Die Reparaturwerkstatt dehnt sich dann über Auto- und Wagenreparatur hinaus auf andere Reparaturen aus; kleine Reparaturtischlereien oder Haustischlereien für die Umzüge und Umbauten und schließlich auch für die Herstellung von Ladeneinrichtungen usw. werden öfter angegliedert. Aus diesen Haustischlereien der „Produktion" und des Bielefelder Vereins sind sogar Möbelfabriken geworden, die aus dem Mitgliederkreis mit Aufträgen für Möbel reichlich versehen sind. Auch andere Vereine sind in kleinerem Umfange zur Möbelherstellung übergegangen. Von besonderer Bedeutung sind diese Nebenbetriebe nicht; sie sind im wesentlichen wohl nur unter dem Gesichtspunkt der raschen Belieferung zu beurteilen.

Wohnungsbau.

Wohnungsbau ist in kleinem Umfange in einer großen Zahl von Genossenschaften betrieben worden, in großem Maße jedoch nur selten. Die Verbandsleitung war wohl stets der Auffassung, daß die Verbindung von Konsum- und Baugenossenschaft nur mit großer Vorsicht vorgenommen werden darf.

C. Die Finanzen.

Abgesehen von dem Lieferantengeschäft, bei dem die Vereine für ihre Mitglieder Vorzugsrabatte von einer Anzahl Händler und Handwerker sichern, hat als die Aufgabe der Konsumvereine stets gemeinsamer Einkauf für die Mitglieder und gemeinsame Warenherstellung für den Bedarf der Mitglieder gegolten. Die Konsumgenossenschaften waren von Anfang an geschäftliche Organisationen, die ein Betriebskapital benötigten, und sie haben andererseits von Anfang an jede Hergabe dieses Geschäftskapitals durch Wohltäter abgelehnt. — Wo man es nicht tat, wie in Berlin zeitweilig, brachte dieses Geld auch keinen Segen. — Sie mußten daher stets bestrebt sein, aus den Kreisen ihrer Mitglieder ein für ihren Bedarf ausreichendes Kapital zusammenzubringen. Das geschah in der Weise, daß die Mitglieder einen Geschäftsanteil in Höhe eines Wochenlohnes, also im allgemeinen 20 bis 30 Mark (30 Mark verlangten die Musterstatuten des Zentralverbandes), übernahmen und, wenn sie ihn nicht sofort bar einzahlen konnten, entweder allmählich abzahlten — wochen- oder monatsweise — oder später, wenn der Verein schon einigermaßen finanziellen Grund unter den Füßen hatte, aus ihrer Rückvergütung aufsparten. Die Haftpflicht als Grundlage für den Kredit hat in den Konsumvereinen nie irgendwelche Rolle gespielt. Neben diesem Geschäftskapital, das insofern eine unsichere Größe war, als es bei dem Ausscheiden eines Genossen zurückzuzahlen war und daher, wenn auch mit langer Frist, jederzeit gekündigt werden konnte, spielte von dem Augenblick ab, wo sich die Konsumvereine größere Aufgaben setzten, die Bildung von Eigenkapital eine erhebliche Rolle. Während der Reservefonds ursprünglich tatsächlich nur eine Reserve für Verluste darstellte, haben die Reserven mit dem Wachstum der neuen Bewegung nach 1900 eine ganz neue Bedeutung bekommen. In Form von Reservefonds, Spezialreservefonds, Hausbaufonds usw. wurde das Sozialkapital der Genossenschaften angesammelt. Neben Geschäftsanteilen und Reserven spielten die Spareinlagen der Mitglieder für die Finanzierung der Genossenschaften eine gewisse Rolle. Die neue Konsumvereinsbewegung hat von Anfang an, schon vor Gründung des Zentralverbandes durch die Schriftleitung der Großeinkaufsgesellschaft, dann erst recht durch das Sekretariat des Zentralverbandes eine sehr großzügige Propaganda für die finanzielle Stärkung der Konsumvereine betrieben. Im Herbst 1913 wurden vom Generalrat des Zentralverbandes folgende Grundsätze für die Finanzgebarung der Konsumvereine beschlossen:

Den genossenschaftlichen Organisationen des Zentralverbandes deutscher Konsumvereine wird empfohlen:

1. Das für den laufenden Geschäftsbetrieb der Genossenschaft unter konsequenter Durchführung des Grundsatzes der Barzahlung der konsumgenossenschaftlichen Lieferanten erforderliche Kapital ist durch Geschäftsanteile und Reserven aufzubringen.

2. Je vielseitiger der genossenschaftliche Betrieb entwickelt werden soll, um so mehr ist diese Bildung eigenen Kapitals durch Einziehung der gezeichneten Geschäftsanteile und durch besonders starke Berücksichtigung der Reserven sowie durch Vornahme hoher Abschreibungen zu fördern.
3. Ist auf diesem Wege das erforderliche Betriebskapital nicht zu beschaffen, so ist eine Erhöhung der Geschäftsanteile vorzunehmen.
4. Neue Betriebszweige sollten nur dann aufgenommen werden, wenn das dazu erforderliche Betriebskapital aus den eigenen Mitteln der Genossenschaft gedeckt werden kann.
5. Die Grundstücke der Genossenschaft sind mit einer in 20—30 Jahren amortisierbaren ersten Kassenhypothek von 50—60% des Taxwertes zu belasten.
6. Die fehlenden 40—50% sind möglichst aus dem eigenen Betriebskapital der Genossenschaft aufzubringen. Falls jedoch vorübergehend die eigenen Mittel nicht vollständig ausreichen, so ist der verbleibende Fehlbetrag nicht durch Spareinlagen, sondern durch auslosbare Hausanteile oder durch eine auslosbare Obligationsanleihe aufzunehmen, für die eine Verzinsung bis zu 4½% gewährt werden kann. Für den Betrag der Hausanteile oder Obligationen kann eine Sicherheitshypothek auf die Grundstücke des Vereins eingetragen werden.

Die hier aufgestellten Richtlinien bildeten ein Ziel, das die Vereine in nächster Zeit zu erreichen hofften. Durch den Krieg wurden die Finanzen der Konsumvereine völlig umgestaltet, und nach dem Kriege setzte bald die Geldentwertung ein, die wiederum ungeregelte Verhältnisse schuf, so daß es gegenwärtig kaum einen Sinn hat, nähere Untersuchungen über die Finanzen der Konsumvereine anzustellen. Die Vorkriegszahlen geben ein Bild der stark im Werden befindlichen, an der Schwelle der Konsolidation stehenden Bewegung. Die Kriegszahlen spiegeln völlig anormale Verhältnisse wider, und die Ziffern der letzten Zeit sind sämtlich bei ihrer Drucklegung veraltet gewesen. Es änderten sich insbesondere in der Zeit der Geldentwertung die finanziellen Verhältnisse der Vereine so rasch und so gründlich, daß von jeder eingehenden Darlegung abgesehen werden muß. Einen ungefähren Überblick über die Entwicklung gibt folgende Tabelle, die für die gesamten Vereine des Zentralverbandes eine Gegenüberstellung der Finanzverhältnisse aus dem Jahre 1913 und 1921 bietet. Eine Division der Zahlen von 1921 durch 10 gibt ungefähre Goldmarkziffern. Im zweiten Halbjahr 1920 und im ersten Halbjahr 1921 stand der Ernährungsindex des Statistischen Reichsamtes auf 11 bis 12. Das der Statistik zugrunde liegende Geschäftsjahr dürfte im allgemeinen innerhalb der Geltungszeit dieser Ziffern gelegen haben.

1913 in Millionen Mark		1921 in Millionen Mark	
Aktiva	Passiva	Aktiva	Passiva
Kasse . . . 4	Geschäftsguthaben 31	Kasse. . . 27	Geschäftsguthaben 150
Ware . . . 54	Reserven 13	Ware . . 790	Reserven 41
angelegte Kapitalien 52	verschiedene Fonds 10	Kapitalien 337	verschiedene Fonds 42
Inventar . 16	Spargelder . . . 68	Inventar. 38	Spargelder . . 583[1]
Grundbesitz 90	Hypotheken . . . 41	Grundbesitz 160	Hypotheken . . . 86
Außenstände 3	Obligationen . . 5	Außenstände . . 15	Obligationen . . 36
Vorschuß auf Rabatt. 1	Warenschulden. . 10	Vorschuß a. Rabatt 8	Warenschulden. . 180
Kautionen . 1	Kautionen. . . . 3	Kautionen 4	Kautionen. . . . 4
	Geschäftsunkosten 1		Geschäftsunkosten 64
	Rabattguthaben der Mitglieder . 15		Rabattguthaben der Mitglieder . 128
	Überschuß 24		Überschuß 65
221	221	1379	1379

Im Interesse der Vergleichbarkeit ist für beide Jahre das Schema von 1913 verwandt worden. Für 1921 ist ein verbessertes Muster angewandt, das nähere Einblicke gewährt, die hier jedoch nicht interessieren. Die Aufstellung für 1913 zeigt ein recht befriedigendes Bild der Finanzierung, die für 1921 dagegen das relative Sinken der eigenen Mittel, des Sozialkapitals.

Diese Tabelle zeigt, daß es den Vereinen nicht möglich war, bei der Erhöhung der Geschäftsanteile mit der Geldentwertung Schritt zu halten, daß infolgedessen der Anteil von Geschäftsanteil und Reserven an dem benötigten Kapital zurückgegangen ist. Andererseits haben sich damals die Vereine doch von Bankkrediten noch ziemlich freigehalten. Inzwischen ist auch hier ein völliger Wandel erfolgt. Dafür spielen die Spargelder in der Geldversorgung der Konsumvereine wieder eine erheblich stärkere Rolle als früher, und auch die Warenschulden sind gegenüber 1913 gewachsen.

---

[1]) Darunter 16 Millionen Mark Bankschulden, die 1913 mit den Spargeldern zusammengefaßt waren und erst jetzt gesondert ausgewiesen wurden.

Im einzelnen ist folgendes zu sagen: Die Geschäftsanteile betrugen vor dem Kriege 20—30 Mark; doch war der festliegende, wenn auch nicht schriftlich fixierte Grundsatz, der Geschäftsanteil soll einem Wochenlohn der betreffenden Gegend entsprechen. Unmittelbar vor dem Kriege hatte man sich dann als Ziel gesetzt, die Geschäftsanteile zu erhöhen, um auf einen Anteil von 50 bis 60 Mark zu kommen. 1920/21 betrugen die Anteile 100—200 Mark; je stärker die Geldentwertung fortschritt, desto schwieriger wurde es für die Konsumvereine, mit den Geschäftsanteilen zu folgen. Einmal sank mit steigender Geldentwertung der Reallohn der Arbeiterschaft, so daß sie die Gelder für den Konsumverein schwieriger entbehren konnte, andererseits wuchs mit der Steigerung der Geschäftsanteile auch die Versuchung die Mitgliedschaft zu kündigen, um in Zeiten der Depression diesen für den Arbeiterhaushalt recht erheblichen Betrag in die Hand zu bekommen. Die Vereine hatten daher auch aus diesem Grunde eine gewisse Scheu, ihre Geschäftsanteile allzu stark zu erhöhen. Auf der anderen Seite war der geschäftliche Zwang, die Anteile zu erhöhen und die Erhöhungen recht rasch hereinzubekommen, vielfach sehr stark, und man ist daher zu alten Methoden wieder zurückgekehrt. Wie im Anfang der Bewegung bei Neugründungen die Geschäftsanteile wöchentlich einkassiert wurden, um so möglichst bald auf eine Volleinzahlung zu kommen, so hatte man auch jetzt wieder die Hauskassierung der Geschäftsanteile vielfach eingerichtet. Daneben hat man ein neues System eingeschlagen. Manche Vereine erhoben einen bestimmten Prozentsatz von den Kaufsummen als Anzahlungen auf den Geschäftsanteil; doch wurde diese Methode in der Bewegung nicht gerade empfohlen, weil vielfach Bedenken bestehen, man könnte durch derartige Maßnahmen die kapitalschwachen Mitglieder dem Händler zuführen.

Sobald die Schöpfung der Rentenmark erwogen wurde, ging man in der Bewegung dazu über, die Umstellung der Geschäftsanteile auf Rentenmark vorzubereiten. Mit der Stabilisierung wurde diese Umstellung dann so schnell als möglich eingeführt. Von irgendeiner Aufwertung der bis dahin eingezahlten Geschäftsanteile wollte man überall absehen. Einmal weil diese Aufwertung unnütze Verwaltungskosten macht, und dem Mitgliede doch nur unbedeutende Summen gutgebracht würden, andererseits, weil man der Auffassung war, die Mitglieder hätten in den billigen Preisen des Vereins den Gegenwert für die Entwertung ihrer Geschäftsanteile erhalten und infolgedessen auch keinen moralischen Anspruch auf die Aufwertung. Man begann daher die neuen Geschäftsanteile planmäßig einzukassieren, doch scheinen die Erfolge hiermit recht gering zu sein. Die Mitglieder sind einmal angesichts der Arbeitslosigkeit und der niedrigen Reallöhne durchaus nicht geneigt, erhebliche Summen — gefordert werden vielfach 50 bis 60 Rentenmark — im Verein anzulegen. Andererseits sehen die Mitglieder auch nicht ein, weshalb ihr eigenes Unternehmen genau so wie der Privatkapitalist, ihnen für die Goldmark, die sie eingezahlt haben, nichts wiedergeben will. Für die Bewegung wäre eine Aufwertung agitatorisch sicher außerordentlich wertvoll, aber die Konsumvereine sind dazu offenbar finanziell nicht imstande, weil sie während der Inflation dauernd Verluste erlitten und insbesondere in der Zeit der Währungskatastrophe Läger und Substanz ziemlich weitgehend aufgezehrt haben. Ein ausgezeichnet geleiteter großer Verein teilt mit, daß er in den schlimmsten Zeiten der Geldentwertung mit 75 Personen Tag und Nacht die einkommenden Papiermarkbeträge zählte und bankfertig machte, nur, um sofort wieder Ware einkaufen zu können, daß er aber trotzdem nicht verhüten konnte, daß all diese Arbeit umsonst war. Die Vereinsleitungen führen ihre Verluste in erster Linie auf die amtlich vorgeschriebene Preispolitik zurück, die sie zum Leidtragenden der Inflation machte, während ihre Lieferanten in Gold kalkulierten. Der oben genannte große Verein ist infolgedessen am 15. September 1923 zur Goldmarkberechnung übergegangen. Es sind deswegen einige hundert Wucheranklagen gegen ihn angestrengt worden, die Leitung ist jedoch der Überzeugung, daß sie ohne diesen Übergang zur Goldrechnung den Betrieb hätte schließen müssen. Die Vereine scheinen auf diese Weise den Inflationsgewinn an Geschäftsanteilen und Spargeldern restlos verbraucht zu haben und sich nur mit dem Geldentwertungsgewinn an Krediten gehalten zu haben, ohne daß jedoch diese letztere Quelle irgendwo systematisch ausgenutzt worden ist. Während der Niederschrift dieser Zeilen (Mai 1924), leidet die Bewegung unter einem außerordentlichen Mangel an Betriebskapital, dessen Behebung noch nicht zu überblicken ist.

Um 1900 hat man nach englischem Muster die Übernahme mehrerer Geschäftsanteile durch ein Mitglied propagiert, hat dabei jedoch nicht gewußt, daß diese Praxis in England lediglich eine Umgehung des Gesetzes darstellt, die durch die Vorschriften über das Sparkassenwesen erzwungen wurde. Der englische Arbeiter mußte, wollte er seine Spargelder im Konsumverein anlegen, diese Form wählen und hat sich schließlich daran gewöhnt, obwohl das Normale selbstverständlich die Einrichtung von Sparkonten gewesen wäre. Infolgedessen hat diese Propaganda auch einen vollständigen Mißerfolg erlitten. Es sind nirgends in nennenswertem Maße mehrere Geschäftsanteile übernommen worden. Als man dieses sah, änderte man die Taktik und beschränkte sich auf einen Geschäftsanteil, suchte Spargelder aufzunehmen, aber für den Geschäftsanteil die Verzinsung abzuschaffen. 1905 verzinste etwa die Hälfte der Konsumvereine die Geschäftsanteile. Die Änderung des Musterstatutes, die im Jahre 1912/13 erfolgte, sah keine Verzinsung der Geschäftsanteile mehr vor, weil durch die Verzinsung dieser relativ unerheblichen Beträge erheblich viel Arbeit verursacht wurde. Für den einzelnen Genossen bedeutete die Verzinsung von 30 Mark Geschäftsanteil nichts, für die Genossenschaften bildete der Fortfall der Verzinsung jedoch einen ganz begrüßenswerten Zuschuß zur Kapitalbildung. Durchgedrungen ist dieser Fortfall der Verzinsung jedoch nicht. Eine Aufstellung der „Konsumgenossenschaftlichen Rundschau" vom 24. Februar 1923 zeigt, daß ungefähr die Hälfte der Bewegung die Verzinsung der Geschäftsanteile abgeschafft hat; doch ist das Verhältnis in den einzelnen Unterverbänden sehr ungleich. Es ist zweifelhaft, ob bei der Auffüllung der Geschäftsanteile, welche die Geldentwertung nötig machte, nicht wieder die Verzinsung in stärkerem Maße eingeführt werden muß.

Die Reserven bildeten ursprünglich lediglich eine Sicherung gegen Verluste, eine Sicherung der Geschäftsanteile und der Haftsummen, ohne daß von Eigenkapital die Rede war. Es bestand sogar gegen diese Bildung von Eigenkapital eine gewisse Abneigung. Wenn auch die Warnung von Parisius vor der Entstehung einer „neuen toten Hand" vielleicht als eine Entgleisung aufzufassen ist, so warnten auch die Praktiker in den siebziger und achtziger Jahren mehrfach unter dem Gesichtspunkt, daß die wenig durchgebildete Mitgliedschaft bei stärkerer Kapitalansammlung leicht dazu kommen könnte, eine Auflösung der Genossenschaften und Verteilung des Vermögens zu beschließen. Eine grundsätzliche Änderung trat um 1900 ein, und nun wurde die Ansammlung starker Reserven planmäßig gefordert und gefördert.

Auch bei dem dritten wichtigen Teil des Genossenschaftskapitals, den Spargeldern, muß man, wie bei den anderen, scharf unterscheiden zwischen der alten und der neuen Bewegung. Zwar wurde 1867 den Konsumvereinen davon abgeraten, Konsumvereine und Darlehnskassen miteinander zu verbinden, aber die Gutschrift von Rückvergütungen auf Sparkonto und die Verwendung von Spargeldern wurde doch häufig empfohlen, so insbesondere in Schneiders Anweisung; nur stellte man den Grundsatz auf, daß für die Annahme von Spargeldern der Bedarf des Warengeschäftes maßgebend sein sollte, daß die Konsumvereine sich davor hüten sollten, Spargelder anzunehmen, die sie im Geschäft nicht glatt verwenden könnten, und für die sie auf dem Kapitalmarkt hätten Anlage suchen müssen. So hat Breslau, als es an Geldüberfluß litt, ähnlich wie manche englischen Konsumvereine, eine Obergrenze festgesetzt und zurückgezahlt ganz im Einklang mit den Vorschlägen, die Schneider in seiner Anweisung gegeben hatte. Im ganzen kann man für diese alte Bewegung wohl sagen, daß ihr die Verwendung von Spargeldern im Warengeschäft an sich unsympathisch war, weil Spargelder unsicher sind, daß ihr aber andererseits stets Spargelder lieber waren als andere fremde Gelder, so daß sie die Aufnahme von Spargeldern vielfach propagierte. So hat noch 1900 Professor Crüger auf dem Sächsischen Unterverbandstag die Hinzuziehung der Spargelder als Betriebskapital zu angemessener Kündigungsfrist empfohlen. Ganz anders stellte sich die neue Konsumvereinsbewegung dazu. Sie brauchte einmal für ihre Pläne eine ganz beträchtliche Stärkung der Kapitalkraft der Konsumvereine, und andererseits war sie nach ihrer ganzen Art auf eine systematische Propaganda der Verwendung von Sparmitteln im Arbeiterinteresse eingestellt. Ihr mußte die Anlage der Arbeiterspargelder durch die öffentlichen Sparkassen in Hypotheken unsympathisch sein. Sie mußte eine Nutzbarmachung dieser Gelder für das Allgemeininteresse der Arbeiterschaft erstreben. So betonte sie die Notwendigkeit, den Konsumvereinen die Spargelder zuzuführen, besonders stark, während die alte Bewegung umgekehrt ihrerseits jetzt viel stärker als früher vor den Gefahren der Spargelder warnte. Im Jahre 1908 wurde die Zahl der Spargelder, die ohne Gefahr im Geschäft mitarbeiten konnte, vom Zentralverband auf 12% des Umsatzes beziffert. Bei dieser Begrenzung konnte man die Liquidität der Spargelder durch Beanspruchung des Zieles jederzeit wahren und andererseits erhebliche Skontogewinne machen. Die Liquidität sollte weiter durch Begebung eines Teils der Spargelder bei der Bankabteilung der Zentraleinkaufsgenossenschaft gewahrt werden.

In dem Maße, wie den Konsumvereinen Spargelder zuflossen und sie neben einer Stärkung ihrer eigenen Finanzen erhebliche Spargelder zu verwalten hatten, stellten sich gewisse Schwierigkeiten bei der Suche nach passender Verwendung der überschüssigen Gelder heraus, so daß man später wieder etwas abließ und dafür die stets geforderte Umwandlung von Spargeldern in festverzinsliche Obligationen — Hausanteile genannt — stärker betonte. Auch diese Hausanteile stellen eine alte Einrichtung dar, die bereits in den siebziger Jahren vielfach benutzt worden ist und von Schneider schon in seinem Taschenbuch empfohlen wurde. Die Summe der Spareinlagen des Zentralverbandes 1913 mit 70 Millionen Mark ist völlig unerheblich gegenüber dem Bestande der Sparkassen von 20 Milliarden Mark.

Notfonds.

Der Notfonds ist eine Institution, die in den Kämpfen um 1900 besonders viel Staub aufgewirbelt hat, ohne eine allgemeinere Bedeutung gewonnen zu haben. Die Hamburger „Produktion" zahlte die Rückvergütung nicht aus, auch wenn der Geschäftsanteil aufgefüllt war, sondern schrieb sie bis zur Höhe von 100 Mark auf Notfonds gut. Die Mitglieder, die so eine Reihe von Jahren keine Rückvergütung hatten abheben können, gewöhnten sich dann natürlich leicht daran, ihre Rückvergütung stets auch später auf Sparkonto stehenzulassen. Der Notfonds stellt nach dieser Idee ein Zwangsspargutshaben dar, daß es einem Mitglied ermöglicht, auch in Zeiten wirtschaftlicher Not ein paar Wochen, ohne borgen zu müssen, im Konsumverein kaufen zu können. So gut diese Idee ist, so schwer ist ihre allgemeine Einführung. Die „Produktion", die auf der ganz besonderen Grundlage der Hamburger Arbeiterbewegung aufbaute, konnte derartiges einführen. Eine allgemeine Einführung jedoch hätte den Vereinen Schaden gebracht. Hier und da hat man versucht, durch Einbehaltung eines Teiles der Rückvergütung einen Notfonds zu schaffen; allgemeinere Bedeutung hat derartiges jedoch nicht gefunden.

Abschreibungen.

Die Abschreibungen sind in der Bewegung seit 1900, von den älteren Vereinen, die auf starke Rückvergütung eingestellt waren, abgesehen, nicht nur als Abschreibung, sondern auch in starkem Maße als ein Mittel zur Schaffung stiller Reserven betrachtet worden. Es wurde daher im ganzen reichlich und über den unmittelbaren Bedarf hinaus abgeschrieben.

Abschluß.

Anfänglich bestand eine starke Neigung, Quartalsabschlüsse zu machen, die insbesondere damit begründet wurden, die jungen Vereine müßten zeitig sehen, wie sich das Geschäft entwickelt. Später wurden Halbjahrsabschlüsse empfohlen; Schulze-Delitzsch wandte sich direkt gegen die Vierteljahrsabschlüsse bei großen Vereinen. In den neunziger Jahren war wohl schon die herrschende Meinung für Jahresabschlüsse, doch haben sich Halbjahrsabschlüsse teilweise bis ins erste Jahrzehnt dieses Jahrhunderts erhalten.

Rückvergütung.

Die Rückvergütung des Überschusses nach dem Warenbezuge ist das Merkmal der Rochdaler Richtung und hat in Deutschland von der Gründung der Konsumgenossenschaften an die maßgebende Rolle gespielt. An Stelle einer Rückvergütung auf den Warenbezug wurde in den sechziger Jahren auch hier und da Kapitaldividende gezahlt. Doch scheint das am Ende der sechziger Jahre aufgehört zu haben. Eine so geniale Bindung des Mitgliedes an den Verein, wie sie die Rückvergütung auch darstellt, so stehen ihr doch mancherlei Bedenken gegenüber. In einer Bewegung, die nicht von großen Impulsen getrieben wird, sondern auf das Alltagsleben gestellt ist, besteht die große Gefahr, daß die Rückvergütung *der* Zweck der Konsumvereinsarbeit wird und daß darunter die großen Ziele leiden. Schon aus den achtziger Jahren liegt aus Sachsen eine Fülle von Klagen in dieser Richtung vor, doch erst um 1900 begann der systematische Kampf gegen die hohen Rückvergütungen insbesondere in Sachsen und dort besonders wieder im Erzgebirge, wo die Konsumvereine vielfach zu Zwangssparkassen geworden waren. Die nach 1900 neu entstehenden Vereine hatten im allgemeinen mit dieser Schwierigkeit nicht zu rechnen, weil sie ganz anders eingestellt waren. In den industriellen Gegenden und Großstädten, in denen diese Vereine entstanden, lief das Publikum den billigen Preisen nach. Für diese Vereine war der niedrige Preis daher viel wichtiger als die Rückvergütung, die sich bei ihnen in mäßigen Grenzen hielt. Im Laufe der Jahre ist die Rückvergütung schon bis zum Kriege hin stark gesunken, und in der neuesten Zeit ja außerordentlich herabgegangen. Während sich 1903 die Rückvergütung um 10% bewegte, in Rheinland-Westfalen um 5,6%, war sie 1909 im Zentralverband schon auf 8,3% gesunken, 1913 auf 7,4% (Nordwestdeutschland 5,4%). Sie schwankte in den Unterverbänden zwischen 5 und 9,2%. 1921 betrug sie nur 3,3% und schwankte in den Unterverbänden zwischen 1,8 und 4,8%, doch zahlten die großen Vereine noch vielfach 5%. Das neuere Sinken ist eine Folge der Geldentwertung, doch die Senkung vor dem Kriege war das Ergebnis einer sehr ernsthaften und schweren Arbeit; diese gestaltete sich besonders schwierig in Gebieten mit zersplitterter Bewegung, wo die Vereine einander Konkurrenz machten, wie in manchen Gegenden Sachsens, sowie in denjenigen Ortschaften, in denen auch die Händler Rückvergütung, und zwar in ziemlicher Höhe zahlten.

Eine besondere Form der Rückvergütung stellt der feste Rabatt dar, der aus steuerlichen Gründen vielfach eingeführt wurde. Als man Anfang des Jahrhunderts geneigt war, die Konsumvereine mit Sondersteuern und schärferer Anziehung der allgemeinen Steuerschraube zu bekämpfen, empfanden die Konsumgenossenschaften es als eine besondere Ungerechtigkeit, daß bei ihnen der gesamte Überschuß als steuerpflichtiger Gewinn galt, während es jedem Geschäftsmann, der einem Rabattsparverein angeschlossen war oder sonst Rabatt gab, möglich war, diesen Rabatt vom steuerpflichtigen Gewinn abzusetzen. Der damalige Rechtsbeistand des Zentralverbandes Deutscher Konsumvereine, Dr. Reinhold Riehn, empfahl daher einigen Vereinen, ihren Mitgliedern im Statut einen festen Rabatt zuzusichern, und erreichte dann auch ein Urteil des Preußischen Oberverwaltungsgerichtes, wonach diese statutarisch zugesicherten Rabatte, auf die ein klagbarer Anspruch der Mitglieder bestand, ebenso wie die Rabatte irgendwelcher Händler vom steuerpflichtigen Gewinn abgesetzt werden konnten. Die Rechtsprechung anderer Bundesstaaten schloß sich dieser Auffassung an, so daß damit in weitgehendem Maße eine Möglichkeit für die Konsumvereine gegeben war, übermäßigen Steueransprüchen zu entgehen. Die Leitung des Zentralverbandes Deutscher Konsumvereine bremste jedoch bei dem allgemeinen Drang nach Einführung des festen Rabattes, der nun einsetzte, recht stark. Sie war der Auffassung, daß erstens aus Gründen der Steuerpolitik, zweitens aus Gründen der konsumgenossenschaftlichen Finanzpolitik der feste Rabatt nur nach sorgfältiger Überlegung und in bescheidenem Maße eingeführt werden dürfte. Die Versammlung der Funktionäre des Zentralverbandes Deutscher Konsumvereine, die 1909 im Anschluß an den Genossenschaftstag in Mainz abgehalten wurde, erklärte ausdrücklich den festen Rabatt für nicht allgemein empfehlenswert und verlangte weiter, daß ihn keine Genossenschaft ohne Zustimmung der Leitung des Revisionsverbandes und des Zentralverbandes einführen durfte. Trotz der lebhaften Abmahnungen durch die Zentrale konnte sich eine Anzahl Vereine nicht enthalten, den festen Rabatt in einer Höhe einzuführen, die sich mit ihrer geschäftlichen Lage nicht vertrug. Andererseits muß festgestellt werden, daß vielfach eine weitsichtige und gemäßigte Steuerpolitik getrieben worden ist, damit durch ausdrücklichen Verzicht auf die Verwendung aller Mittel im Steuerkampf eine Änderung der öffentlichen Meinung gegenüber der Besteuerung der Konsumvereine eintrete. Gegenüber den offenkundigen Schwierigkeiten, die sich herausgebildet hatten, nahm der Generalrat des Zentralverbandes Ende 1913 nochmals Stellung. Er empfahl zunächst größte Vorsicht bei der Einführung des festen Rabattes und entsprechend dem Mainzer Beschluß unbedingte Beachtung der Vorschläge der Verbandsleitung. Weiter erklärte er, „die Einführung eines festen Rabattes darf nur von solchen Konsumgenossenschaften vorgenommen werden, die auf eine mehrjährige Praxis zurückblicken können und sich in gefestigten wirtschaftlichen Verhältnissen befinden, d. h. ausreichendes eigenes Betriebskapital zur Durchführung der Barzahlung und starke Reserven besitzen“. Schließlich sollte der feste Rabatt 2% unter der bisherigen Rückvergütung bleiben und nicht mehr als 5% betragen. Vereine, die über 5% festen Rabatt beschlossen hätten, sollten auf 5% zurückgehen. Sämtliche Vereine sollten die zuweilen nicht vorgenommenen Zuwendungen zu den Reserven von $^1/_2$—1% des Umsatzes aufrechterhalten. Trotzdem hat der feste Rabatt erheblich zugenommen. Während Ende 1913 15 Millionen Mark fester Rabatt und 20 Millionen Mark Rückvergütung verteilt wurde, war das Verhältnis 1921 128 Millionen Mark fester Rabatt zu 43 Millionen Mark Rückvergütung.

In der Geschichte des festen Rabattes ist bereits die große Rolle, die die Besteuerung der Konsumvereine im Genossenschaftsleben vor dem Kriege gespielt hat, angedeutet. Da die Freunde der Konsumvereine in keinem deutschen Parlament die Majorität bildeten, andererseits fast in allen Parteien in mehr oder minder starkem Maße Mittelstandspolitik getrieben wurde, spielten die Wünsche, die Konsumvereine auf steuerlichem Gebiete ohne Rücksicht auf die allgemeinen Besteuerungsgrundsätze aus sozialpolitischen Gründen (Begünstigung des Kleinhändlertums) möglichst schlecht zu behandeln, eine recht erhebliche Rolle. Insbesondere zeichnete sich Sachsen durch seine gemeindlichen Umsatzsteuern aus. Die preußische Warenhaussteuer hemmte die Ausbreitung der großen Konsumvereine und bürdete den kleinen Vereinen, die durch die Konkurrenz dazu gezwungen waren, alle Waren zu führen, häufig recht erhebliche und kaum tragbare Steuerlasten auf. Trotz dieser vielfachen ungerechten Lasten haben die Konsumvereine im ganzen sich von kleinlicher Steuerdrückebergerei freigehalten und vielfach die weitschauende Politik getrieben, durch Nichtausnutzung der Lücken im Gesetz Schlimmeres zu verhüten, so beispielsweise in Braunschweig. Diese Politik ist den Vereinen übrigens schon um 1870 empfohlen worden. Im ganzen wird man sagen können, daß bis zum Kriege die Konsumvereine in ganz Deutschland nicht nur reichlich, sondern auch weit stärker als die Konkurrenz besteuert wurden, wenn der Kleinhandel auch andauernd über die Steuerfreiheit der Konsumvereine zeterte. In letzter Zeit hat sich ein Kampf lediglich auf dem Gebiete der Umsatzsteuer abgespielt. Die Konsumgenossenschaften haben hier mit aller Kraft versucht, eine Ausnahmebehandlung zu erfahren, was ihnen jedoch nicht gelungen ist, obwohl die steuerliche Bevorzugung der Genossenschaften als Gegenmittel gegen die Ausdehnung unnötigen und unproduktiven Handelbetriebes gerechtfertigt wäre. Weiter sind die Konsumvereine durch die Umsatzsteuer, die bekanntermaßen im großen Umfange defraudiert wird, gegenüber einem Teil ihrer Konkurrenz besonders belastet.

Zusammenfassend muß man über die Finanzgebarung der Konsumvereine sagen, daß sie in Anbetracht der raschen Entwicklung bis Kriegsausbruch eine sehr vorsichtige und weitblickende Finanzpolitik getrieben haben. Sie waren durchaus auf ihr Sozialkapital und ihre Mittel aus ihrem Mitgliederkreise gestellt, so daß der Bewegung fremde Kapitalien auch als Warenschuld keine Rolle spielten. Im Kriege konnte diese Politik im ganzen fortgesetzt werden. Doch nach dem Kriege erfuhren ihre Finanzen einen schließlich katastrophalen Zusammenbruch. Die Vereine mußten dauernd die Geschäftsanteile erhöhen, wohl nicht nur, weil Spargelder und Ziel fortfielen, sondern vor allem, weil sie bei ihrer Preisgestaltung die Geldentwertung nicht genügend beachteten und auf Kosten des Betriebskapitals zu billig verkauften.

Befreiung der Arbeiter von der Borgwirtschaft.

Barzahlung war stets einer der Hauptgrundsätze der Bewegung. Das Verhältnis der Außenstände zum Umsatz sank im Zentralverband von der Gründung bis zum Kriege von 0,8 auf 0,6%. In einzelnen Unterverbänden betrug es nur 0,2% (Rheinland-Westfalen), in anderen 1,5%. Da 2% einem Wochenumsatz entsprechen und in diesen Zahlen (Abschluß im Herbst und Winter) vielfach Lieferungen, die abgezahlt werden, enthalten sind, kann man wohl sagen, daß die Bewegung als Ganzes von Borgwirtschaft frei ist.

Sterbekassen wurden von den Vereinen vielfach eingeführt, als die Kriegervereine systematisch dazu übergingen, die Mitglieder der dem Zentralverband Deutscher Konsumvereine angeschlossenen Vereine auszuschließen. Um diesen Mitgliedern den Verlust ihrer Ansprüche aus den Sterbekassen der Kriegervereine zu ersetzen und gegenüber dem Druckmittel, das die Mitgliedschaft in der Sterbekasse vielfach bedeutete, eine positive Anlockung zu haben, sind dann die Konsumvereine in diesen Gebieten dazu übergegangen, selbst Sterbekassen einzurichten.

III. Statistisches und Allgemeines.

Die Statistik des Zentralverbandes für 1922 (Jahrbuch 1923) weist 1350 angeschlossene Konsumgenossenschaften aus, von denen 1300 zur Statistik berichteten, ihre Mitgliederzahl am Jahresschluß war 3,2 Mill. Sie unterhielten 8066 Läden und 384 Zentrallager. In der Verteilung beschäftigten sie 37 212 Personen (davon 24 465 weibliche), in der Produktion 6314 (davon 785 weibliche). Angaben über die Umsätze in Goldmark liegen nicht vor, die Wiedergabe der Papiermarkziffern scheint angesichts der Geldentwertung untunlich; einmal verbindet jetzt niemand mehr eine Vorstellung mit den Zahlen, andererseits sind in der Statistik Zahlen von ungleichem Werte zusammengefaßt.

1. Geographische Ausbreitung. Anteil an der Bevölkerung.

In Großbritannien umfaßten die Konsumvereine insgesamt im Jahre 1891 etwa 13%, 1901 etwa 20%, 1911 etwa 26% der Bevölkerung. In diesem Gesamtresultat ist Irland enthalten, das mit seiner schwach entwickelten Konsumvereinsbewegung den Durchschnitt natürlich außerordentlich stark drückt, so daß eine Sonderrechnung für

Schottland und England für Schottland 40% und für England 30% ergibt. Die Gegend der Baumwollverarbeitung Lancashire gäbe wohl noch höhere Ziffern. Mit derartigen Resultaten kann sich Deutschland noch nicht messen. Immerhin ist der Abstand nicht so sehr groß. Legt man die Ziffern des Zentralverbandes Deutscher Konsumvereine für das Jahr 1921 (Statistik des Jahrbuches 1922) zugrunde und vergleicht sie mit den fortgeschriebenen Bevölkerungsziffern, so ergibt sich für Deutschland, daß über 20% der Bevölkerung konsumgenossenschaftlich organisiert sind. In den landwirtschaftlichen Teilen ist das Verhältnis natürlich sehr viel schlechter, so in Ostpreußen 5—6%, in Pommern 9—10%, desgleichen Schleswig-Holstein. Dagegen sind es in Sachsen etwa 37%, in Thüringen 40%, in Braunschweig und Württemberg 30%, in Hessen und Brandenburg immerhin ein knappes Viertel der Bevölkerung. Für Rheinland-Westfalen ergaben diese Ziffern nur 17%. Sie sind irreführend, weil der Reichsverband Deutscher Konsumvereine seine Hauptmitgliedschaft in Rheinland-Westfalen hat. Berücksichtigt man die Ziffern des Reichsverbandes, so ergibt sich für Deutschland insgesamt ein Viertel der Bevölkerung, für die einzelnen Landesteile ist eine Umrechnung nur schwer möglich. Eine Berücksichtigung auch der unorganisierten Genossenschaften gäbe etwas höhere Ziffern; doch darf man trotz der Rechtsform wohl zweifeln, ob Organisationen, die den Revisionsverbänden nicht angehören, als vollgültige Genossenschaften zu betrachten sind.

Der Charakter der Vereine ist in den Revisionsverbänden recht verschieden, je nach wirtschaftlicher Struktur des Gebietes und nach dem Alter der Bewegung. *Rheinland-Westfalen* ist das Industriegebiet Deutschlands. Es ist als solches jung, zeigt sehr rasch gewachsene Großstädte und eine ähnliche Konsumvereinsbewegung, jung und sehr schnell gewachsen. Seit Jahren hat es weitaus die größten durchschnittlichen Mitgliederzahlen pro Genossenschaft. 1921 beispielsweise hat jeder Verein in Rheinland-Westfalen im Durchschnitt über 6000 Mitglieder, während die Verbände mit den nächsthohen Ziffern, Nordwest- und Südwestdeutschland, nur etwas über 3000 Mitglieder haben. Über 90% des gesamten Umsatzes des Unterverbandes wurde 1921 in den Vereinen mit über 10 Millionen Mark getätigt. Dementsprechend verfügt dieses Gebiet auch über große Verkaufsstellen und über starke Eigenproduktion. Die Kapitalbildung konnte hier schon an und für sich schwer mit der Entwicklung Schritt halten, und am wenigsten in der Zeit der Geldentwertung. Trotzdem sind die finanziellen Verhältnisse Ende 1921 noch recht günstig gewesen. Von den großen Vereinen hatte nur einer über drei Wochen Warenschulden. Bei dem relativen Kapitalmangel, unter dem das Gebiet litt und der späten Gründungszeit der Vereine ist es verständlich, daß die Vereine im wesentlichen auf Lebensmittel gestellt sind. Alles andere ist bei ihnen noch im Werden, doch liegt hier das große Zukunftsgebiet der deutschen Konsumvereinsbewegung.

Sachsen, das Land der Fertigindustrie, ist die Wiege der alten Konsumvereinsbewegung. Von den zehn großen Konsumvereinen Sachsens sind nur zwei Ende der neunziger Jahre entstanden, die anderen sind älter. Anders als in Rheinland-Westfalen spielen die großen Vereine hier nicht die maßgebende Rolle. Immerhin entfallen (1921) noch 60% des gesamten Umsatzes im Unterverband auf die Vereine mit über 10 Millionen Mark Umsatz. Ausgezeichnet ist die sächsische Bewegung durch eine starke Intensität, die sich zwar noch nicht so sehr in der Eigenproduktion äußert, aber in einer regen Beteiligung der Vereine am Vertrieb der Manufaktur- und Schuhwaren. Von 143 Vereinen führen nicht weniger als 84 Manufakturwaren und 76 Schuhwaren. Auch die Durchschnittsumsätze pro Mitglied sind recht hoch. Die finanzielle Basis der sächsischen Vereine ist dank dem Alter günstiger als die der rheinisch-westfälischen. Die großen Konsumvereine haben auch Warenschulden in Höhe von 2—3 Wochen.

Auch Thüringen zeigt einen ähnlichen Charakter wie Sachsen. Wenn auch von den elf großen Vereinen vier nach 1900 entstanden sind, so sind doch sechs vor 1890 gegründet. Neben den großen Vereinen spielen hier die kleinen schon wieder eine stärkere Rolle. Ungefähr der halbe Umsatz fällt auf die großen und der halbe auf die anderen Vereine. 1913 entfielen auf die Vereine mit 1—5 Millionen Mark Umsatz 35% der Gesamtheit. Bemerkenswert ist, daß damals die kleinen Vereine mit 100—500 000 Mark Umsatz ebenfalls 34% des gesamten thüringischen Umsatzes ausmachten. Sowohl der Durchschnittsumsatz der kleinen Vereine als die Durchschnittsmitgliederzahl der Vereine gehört in den vergleichenden Tabellen, wie sie jedes Jahr im Jahrbuch des Zentralverbandes Deutscher Konsumvereine gegeben werden, zu den niedrigsten. Dafür ist die Bewegung außerordentlich intensiv. Von 184 Vereinen führen 162 Manufakturwaren und 51 Schuhwaren. Thüringen zeichnete sich ursprünglich durch eine alte und entsprechend den früheren Verhältnissen außerordentlich zersplitterte Konsumvereinsbewegung aus. Es haben dann, vor allem unter dem Einfluß des außerordentlich rührigen Verbandssekretärs Rupprecht, der heute an der Spitze der rheinisch-bergischen Konsumgenossenschaft „Hoffnung" steht, zahlreiche Verschmelzungen stattgefunden, doch erschwert das hügelige Gelände mit seinen dadurch bedingten außerordentlich ungleichen Transportunkosten die Verschmelzungen erheblich. Die Finanzen sind trotz der alten Bewegung nicht so vorbildlich. Thüringen hatte 1921 die höchsten Warenschulden.

Mitteldeutschland verfügt ebenfalls über eine ältere Bewegung mit kleinen Vereinen, die leidlich intensiv ist. Von 257 Vereinen führen 101 Manufakturwaren, aber nur wenige Schuhwaren. Finanziell steht sie aber nicht allzu günstig.

Württemberg ist das letzte Gebiet mit einer älteren Bewegung, im ganzen mit mittleren Vereinen recht intensiv und finanziell sehr gut fundiert.

Nordwestdeutschland, Brandenburg, Schlesien werden in ihrem Gesamtresultate sehr durch einzelne große Vereine beeinflußt, so daß sich hier etwas Zusammenfassendes schwer sagen läßt.

In den Großstädten bestehen sämtlich große Konsumvereine; früher waren manche große Städte Schmerzenskinder der Bewegung, doch seit Leipzig und Hamburg das Vorbild gaben, hat die deutsche Konsumvereinsbewegung in den Großstädten gesiegt.

Durchschnittsumsätze pro Mitglied in Mark:

1913	insgesamt	bis 100 000	100 000 bis 1/2 Mill.	1/2 Mill. bis 1 Mill.	1 bis 5 Mill.	5 bis 10 Mill.	über 10 Mill.
Bayern	239,00	191,12	223,06	291,28	214,96	273,64	—
Brandenburg . .	212,35	131,89	221,66	241,94	233,89	—	196,58
Mitteldeutschland	315,31	273,62	302,56	329,15	317,68	365,20	—
Nordwestdeutschland	299,18	345,31	249,50	274,14	294,40	368,75	308,19
Rheinland u. Westfalen	307,99	161,82	292,65	304,88	320,74	309,42	300,61
Sachsen	345,75	204,05	252,33	289,17	356,25	—	448,54
Südwestdeutschland	249,78	283,83	239,52	237,34	240,91	276,57	—
Thüringen	337,84	290,97	340,16	303,52	379,20	—	—
Württemberg . .	270,40	205,85	251,97	286,21	260,23	299,36	—
Zentralverband . .	291,15	239,29	262,87	281,50	296,13	305,19	327,97

Konsumvereine nach Größenklassen.

Mitgliederzahl und Umsatz in Prozent:

1913	Umsatz: bis 100000 Mk.	100000 bis 1/2 Million	1/2 bis 1 Million	1 bis 5 Millionen	5 bis 10 Millionen	über 10 Millionen	Mitglieder: bis 100000 Mk.	100000 bis 1/2 Million	1/2 bis 1 Million	1 bis 5 Millionen	5 bis 10 Millionen	über 10 Millionen
Bayern . . .	10,3	18,9	13,1	24,1	33,6	—	12,0	20,2	10,8	27,6	29,4	—
Brandenburg .	4,1	21,5	17,3	23,4	—	33,7	6,5	20,6	15,2	21,2	—	36,5
Mitteldeutschland	9,3	29,2	13,6	33,4	14,5	—	10,7	30,6	13,0	33,2	12,5	—
Nordwestdeutschland.	6,1	10,6	7,6	29,4	6,9	39,4	5,3	12,8	8,2	29,8	5,6	38,3
Rheinland u. Westfalen .	1,1	4,9	3,9	43,0	24	23,1	2,1	5,2	3,9	41,3	23,9	23,6
Sachsen . . .	3,3	18,4	11,7	19,0	—	47,6	5,7	25,2	14,0	18,4	—	36,7
Südwestdeutschland.	7,5	24,8	8,4	38,5	20,8	—	6,6	25,8	8,8	39,9	18,9	—
Thüringen . .	13,3	34,2	17,2	35,3	—	—	15,4	34,0	19,2	31,4	—	—
Württemberg.	7,3	18,0	21,1	20,2	33,4	—	9,6	19,3	19,9	21,0	30,2	—
Zentralverbd.	6,0	18,5	11,5	28,9	11,1	24,0	7,3	20,4	12,6	28,4	10,6	21,3
				64						60,3		

1913	Vereine mit Mitgliederangaben	Vereine m. als 250 Mitglieder	1 Laden	Zentrallager	bis 100000	100000 bis 1/2 Million	1/2 bis 1 Million	1 bis 5 Millionen	5 bis 10 Million.	über 10 Million.
Bayern	96	35	55	14	61	26	5	3	1	—
Brandenburg	100	16	36	28	33[1]	45	11	7	—	1
Mitteldeutschland . .	130	51	74	22	69	47	8	5	1	—
Nordwestdeutschland .	169	84	87	32	102	43	9	12	1	2
Rheinland und Westfalen	42	6	13	20	11[2]	15	3	9	2	1
Sachsen	173	12	63	40	56	87	19	9	—	2
Süddeutschland . . .	116	46	57	27	58	45	5	7	1	—
Thüringen	211	97	134	17	120[3]	74	11	9	—	—
Württemberg	88	36	51	27	51	24	8	4	1	—
	1125	383	570	227	561	406	79	65	7	6

Durch die Geldentwertung wird jede statistische Untersuchung über die Konsumvereine außerordentlich erschwert bis wieder Goldmarkstatistiken vorliegen. Daher sind im vorliegenden Buch einmal die auf Grund des Abschlusses von 1913 berechneten Tabellen gegeben, die einen Vergleich mit den Angaben über die englische Konsumvereinsbewegung ermöglichen und andererseits ist versucht worden, einige Angaben auf Grund der Statistik für 1921 zusammenzustellen. Da die Steigerung der Preise erst in der zweiten Hälfte 1921 einsetzte und der Statistik im Durchschnitt die Zeit Mitte 1920 bis Mitte 1921 zugrunde liegt, hat es eine gewisse Berechtigung, die Ergebnisse für 1921 zusammenzustellen, wenn auch eine Umrechnung der Zahlen in Goldmark und ein Vergleich mit den Zahlen von 1913 trotzdem kaum möglich ist. 1913 machten die Konsumvereine mit über einer Million Mark Umsatz fast zwei Drittel des Umsatzes der Bewegung, ungefähr die Hälfte der Vereine hatte nur einen Laden und unter 100 000 Mark Umsatz, etwa ein knappes Viertel der Vereine verfügte über ein Zentrallager. In den Unterverbänden war die Entwicklung außerordentlich verschieden vor sich gegangen. So war der Anteil der großen Vereine in Nordwestdeutschland, trotz der Hamburger Produktion, nur drei Viertel, während er in Rheinland-Westfalen neun Zehntel betrug. Bei den Durchschnittsumsätzen stehen Sachsen und Thüringen an der Spitze, und bei der Verteilung der Durchschnittsumsätze nach Größenklassen stets die Vereine mit 1 bis 10 Millionen Mark.

Für die Statistik des Jahres 1921 sind als Pendant zu den Vereinen mit Millionenumsätzen vor dem Kriege die Vereine mit mehr als 10 Millionen Mark zusammengestellt, obwohl das kein direkt vergleichbares Bild gibt, denn die durchschnittliche Verteuerung der Ernährung in dieser Zeit ist etwa 11,5 nach der Reichsstatistik. Dementsprechend sind auch 93 Vereine mit über 10 Millionen Mark Umsatz zu verzeichnen gegenüber 78 Vereinen im Jahre 1913. Diese 93 Vereine haben von dem Gesamtumsatz rund zwei Drittel bewältigt. Von ihnen entfallen auf die Vereine mit mehr als 50 Millionen Mark Umsatz ein reichliches Drittel der Gesamtheit und die Hälfte des Umsatzes der großen Vereine, und auf die Vereine mit über 100 Millionen Mark ein Fünftel der Gesamtheit. Die Größenverhältnisse dürften demnach ungefähr dieselben geblieben sein wie vor dem Kriege. Beim Durchschnittsumsatz ist jetzt Rheinland-Westfalen führend, ihm folgen Thüringen und Sachsen, doch darf man dabei nicht vergessen, daß Rheinland-Westfalen nach dem Kriege eine besondere Reinigung der Mitgliederlisten vorgenommen hat und daß alle Durchschnittsziffern stets davon abhängig sind, in welchem Maße die Mitgliederlisten gesäubert werden.

Die großen Vereine.

Von den 93 großen Vereinen — mit über 10 Millionen Mark, etwa 1 Million Goldmark Umsatz — erzielten 16 über 50 (5 Millionen Goldmark) und von diesen fünf über 100 (10 Millionen Goldmark) Umsatz. Vom Gesamtumsatz von 5,2 Milliarden Mark entfielen auf die großen Vereine 3,5 Milliarden Mark. Hieran sind Vereine mit über 50 Millionen Mark Umsatz mit 1,8 Milliarden und die 100 Millionen-Mark-Vereine mit 1 Milliarde Mark beteiligt. Die fünf größten Vereine erzielten etwa ein Zehntel des Gesamtumsatzes und die großen zwei Drittel.

Die Vereine mit über 50 Millionen Mark Umsatz sind:

Bayern:
- München . . 96,5
- Nürnberg . . 57

Nordwestdeutschland:
- Kiel 52
- Bielefeld . . . 56
- Hamburg . . . 308

Ostdeutschland:
- Berlin . . . 233

Sachsen:
- Chemnitz . . 58
- Dresden . . . 172
- Leipzig . . . 177

Württemberg:
- Stuttgart . . 70

Rheinland-Westfalen:
- Barmen . . . 60
- Bochum . . . 65
- Dortmund . . 72
- Düsseldorf . . 99
- Essen 179
- Köln 86

Die Warenschulden der großen Vereine betrugen 1921 den Umsatz von

	1 Monat	3 Wochen	2 Wochen	1 Woche	3 Tagen	unter 3 Tagen
Bayern	1	—	1	—	1	3
Mitteldeutschland	—	—	3	2	—	1
Nordwestdeutschland . . .	—	3	4	5	2	4
Ostdeutschland	—	1	—	3	—	1
Rheinland und Westfalen.	1	2	5	2	—	3
Sachsen	2	1	4	2	1	—
Schlesien	—	—	2	3	—	1
Südwestdeutschland. . . .	2	1	2	5	—	3
Thüringen.	2	1	2	3	1	2
Württemberg	—	—	1	1	3	—
	8	9	24	26	8	8

Im wesentlichen haben die Vereine demnach mit einem Ziel von 1—2 Wochen gearbeitet.

Die folgenden Zahlen geben nur einen ungefähren Anhalt. Als Unterlage für eine Untersuchung der Unkosten können sie nicht dienen, da dazu die nötige Einheitlichkeit in den Buchungsgrundsätzen (Produktivbetriebe) fehlt.

Prozentsätze der Unkosten in den 93 großen Vereinen.

1921	bis 6%	7%	8%	9%	10%	11%	12%	13%	über 17%
Bayern	—	1	1	1	—	1	—	2	—
Mitteldeutschland	1	2	—	—	—	1	1	1	—
Nordwestdeutschland	2	2	3	4	1	3	—	2	1
Ostdeutschland	—	1	—	—	2	—	—	—	2
Rheinland und Westfalen	—	—	2	1	3	2	2	2	1
Sachsen	—	—	—	2	2	4	1	1	—
Schlesien	—	2	—	—	—	3	1	—	—
Südwestdeutschland	2	1	2	2	2	3	1	—	—
Thüringen	4	1	—	—	2	—	2	2	—
Württemberg	—	2	—	1	2	—	—	—	—
Insgesamt	9	12	8	11	14	17	8	10	4

Gegründet worden sind 29 vor dem Jahre 1890 und 41 vor dem Jahre 1895, während 48 in der typischen Gründungszeit zwischen 1895 und 1905 entstanden, und vier gar erst nach 1905. Die Mitgliederzahlen schwanken zwischen 3500 und 125 000. Unter 6000 Mitglieder haben 14 Vereine, 6—10 000 33 Vereine, 10—20 000 27, 20—50 000 13 und über 50 000 Mitglieder 6 Vereine.

Die Gründungszeit der großen Konsumvereine.

(Vereine mit etwa 1 Million Goldmark Umsatz.) Davon gegründet in den:

Revisionsverband	Zahl der Vereine	60er Jahren	70er Jahren	80er Jahren	1890 bis 1894	1895 bis 1899	1900 bis 1905	später
Bayern	6	—	—	2	1	—	3	—
Mitteldeutschland	6	—	—	—	3	—	3	—
Nordwestdeutschland	18	1	—	4	2	2	7	2
Ostdeutschland	5	1	—	—	1	1	2	—
Rheinland u. Westfalen	13	—	—	—	—	4	9	—
Sachsen	10	2	1	3	2	2	—	—
Schlesien	6	—	—	1	1	—	3	1
Südwestdeutschland	13	3	2	—	1	1	6	—
Thüringen	11	—	4	2	—	1	3	1
Württemberg	5	3	—	—	1	—	1	—
	93	10	7	12	12	11	37	4
		10	7	12	24	23	48	41

Die Zahl der Läden schwankt zwischen 7 und 267. Ihre Größenverhältnisse sind außerordentlich ungleich. Über 50 Läden haben folgende Vereine:

München	83	Düsseldorf	72
Nürnberg	58	Essen	141
Kiel	60	Köln	101
Bielefeld	81	Frankfurt	82
„Produktion", Hamburg	267	Erfurt	50
Berlin	152	Chemnitz	61
Barmen	57	Dresden	136
Bochum	78	Leipzig	101
Dortmund	94		

Ohne Eigenproduktion sind nur drei von diesen großen Vereinen, daneben noch Lübeck ohne Bäckerei, weil eine Konsumentenproduktivgenossenschaft die Backwarenherstellung in Lübeck in die Hand genommen hat. Sonst betreiben alle großen Vereine zum mindesten die Bäckerei, die für sie die typische Eigenproduktion darstellt mit 10—15% des Gesamtumsatzes in den einzelnen Vereinen. Auch Limonadenherstellung findet man oft, wenn sie auch unerheblich ist gegenüber dem Bäckereiumsatz. Mit eigener Kaffeerösterei sind in der Statistik 14 Vereine aufgeführt; einige haben wohl infolge Rückgang des Kaffeekonsums und Platzmangels die Rösterei aufgegeben. Im ganzen darf aber bezweifelt werden, daß die Statistik in der Beziehung richtig ist. Fleischerei betreiben zwölf von den großen Vereinen (von insgesamt 22 Fleischereien). Beim Umsatz entfallen auf diese zwölf allerdings 113 Millionen Mark von insgesamt 117 Millionen Mark (der Zentralverband gibt in seiner Statistik etwas abweichende Ziffern, es sind versehentlich Limonadenumsätze als Fleischereiumsätze addiert). Von drei Fleischereien abgesehen, entfallen in den einzelnen Vereinen auf die Fleischerei 10 bis 15%, auch 16 und 17% des Gesamtumsatzes des betreffenden Vereines.

Lebensmittel führen alle Vereine. Mit den Manufakturwaren ist es außerordentlich verschieden; es führen in Bayern von den 6 Vereinen 3 Manufakturwaren und 3 Schuhwaren, in Mitteldeutschland alle 6 Manufakturwaren und 1 Schuhwaren, in Nordwestdeutschland von 18 Vereinen 9 Manufakturwaren, 5 Schuhwaren, in Ostdeutschland von 5 Vereinen 3 Manufakturwaren 1 Schuhwaren, in Rheinland-Westfalen von 13 Vereinen 5 Manufakturwaren, 5 Schuhwaren, in

Sachsen von 10 Vereinen 10 Manufakturwaren, 9 Schuhwaren, in Schlesien von 6 Vereinen 3 Manufakturwaren, 2 Schuhwaren, in Südwestdeutschland von 13 Vereinen 2 Manufakturwaren, 4 Schuhwaren, in Thüringen von 11 Vereinen 11 Manufakturwaren, 10 Schuhwaren, in Württemberg von 5 Vereinen 5 Manufakturwaren und 1 Schuhwaren.

Bezirkskonsumvereine.

In der älteren Zeit wurden die Vereine entweder an kleinen Orten gegründet oder in größeren Städten nur für einen Stadtteil oder aus einem bereits verbundenen Personenkreise (Mitglieder eines Vereins, Arbeiter einer Fabrik oder eines Berufs). Stets war es ein Kreis von Menschen, der sich kannte, der für die Organisation in Frage kam. Der Gedanke eines Bezirkskonsumvereins für ein größeres Wirtschaftsgebiet lag völlig außerhalb des Gedankenkreises. Immerhin errichtete Immenstadt bereits 1876 Läden in Blaichach und Sonthofen. Halberstadt (1872) war vorsichtiger und fragte bei Schulze-Delitzsch an, ob es kleine Nachbarvereine aufnehmen solle; dieser widerriet entschieden und empfahl Selbständigkeit. In den achtziger Jahren arbeiteten sämtliche Konsumvereine ohne Theorie; die in dieser Zeit entstandenen Vereine legten sich vielfach durch Grundbesitz so fest, daß für etwaige spätere Verschmelzungen dieser Besitz ein erhebliches Hindernis darstellte. Erst nach 1900 entstand ein völlig anderer Geist in bezug auf die Bezirkskonsumvereine und die Frage der räumlichen Abgrenzung. Die Ursache dafür war häufig das Gründungsfieber, das dazu führte, daß vielfach mit unzulänglichen Kräften Vereine gegründet wurden und man den drohenden Mißerfolg dann durch Übernahme der Läden durch benachbarte Vereine zu verhüten suchen mußte. Diese Kinderkrankheiten haben im ganzen ersten Jahrzehnt dieses Jahrhunderts eine Rolle gespielt, und die Sanierungsfusion stand an der Wiege manches Bezirkskonsumvereins, dem dadurch erhebliche Opfer auferlegt wurden. Sie ist auch vielfach daran schuld, wenn in einzelnen Bezirkskonsumvereinen die Entfernungen etwas gar zu groß sind. Maßgebend für die Ausbildung des Bezirkskonsumvereins waren jedoch nicht diese Verschmelzungen, sondern der Vorteil des Großbetriebes und der Zwang, diese Vorteile auszunutzen durch die Konkurrenz der Großdetaillisten. Der Bezirkskonsumverein hat die typischen Vorteile des Filialbetriebes. Er kann erstens als größerer Käufer billiger einkaufen, zweitens erspart er durch regelmäßigen Waggonbezug außerordentlich viel Fracht gegenüber dem kleineren Konsumverein, drittens ist die Verwaltung sehr viel billiger als die dezentralisierte Verwaltung in einer Reihe kleinerer Vereine mit ihrem eigenen Vorstand, eigenem Aufsichtsrat, eigener Buchhaltung usw., viertens ist die Liquidität des Bezirkskonsumvereins größer als die Liquidität desselben Vermögens in vier oder fünf Teilverwaltungen mit ihren Geschäftszufällen. Die Zersplitterung war recht groß in allen Gegenden mit alter Bewegung, aber auch vielfach bei Neugründungen, am stärksten in Industriedörfern, wo überall Platz für einen Konsumverein war und überall die lokalen Gegensätze gegeneinander arbeiteten, zum Teil sogar in der Form, daß Verkaufsstellen sich von der Zentrale loslösten und selbständig machten. Vom Reichsverband abgesehen, war eine Zersplitterung durch allgemeine Meinungsverschiedenheiten nur wenig zu verzeichnen. Die Beamten hatten sich vor dem Kriege infolge des Druckes von oben getrennt zusammengeschlossen, doch machte sich diese Zersplitterung kaum stark bemerkbar, noch weniger eine gewisse Zersplitterung aus landsmannschaftlichem Gefühl heraus im großen Völkergemisch von Rheinland-Westfalen, wohl aber litten alte Konsumvereinsgebiete, insbesondere Sachsen, vielfach unter der Konkurrenz benachbarter Verbandsvereine und schließlich auch unorganisierter billiger „Dividendenquetschen“, die mit ihrer hohen Rückvergütung Reklame machten und von jeder Berührung mit der wirklichen Konsumvereinsbewegung sich ängstlich fernhielten. Im ganzen kann man sagen, daß, von diesen Verhältnissen und von einigen Gebieten mit besonders stark ausgebildetem Ortspatriotismus abgesehen, die Konsumvereinsbewegung unter Zersplitterung nicht gelitten hat.

Nach dem Kriege scheint durch die in Beamtenkreisen besonders lebhafte Gründungstätigkeit zeitweilig eine nach der Zahl der Genossenschaften erhebliche Zersplitterung herbeigeführt zu sein. Doch haben die Sondergründungen vielfach nicht lange Bestand gehabt und vor allem keinen erheblichen Umsatz erzielt, so daß sie für die Bewegung als Ganzes absolut belanglos blieben, wenn sie als Kraftvergeudung und Diskreditierung auch die einzelnen Geschäftsinhaber ärgerten.

Im Jahre 1921 entfiel auf die Bezirkskonsumvereine folgender Prozentsatz des gesamten Umsatzes im eigenen Geschäft:

Bayern	81,5 %	Ostdeutschland	74,1 %
Mitteldeutschland . . .	69,3 %	Rheinland-Westfalen . .	91,1 %
Norddeutschland. . . .	86,5 %	Sachsen	73,3 %

Schlesien	55,6 %	Thüringen	72,9 %
Südwestdeutschland . . .	66,5 %	Württemberg	33,5 %

Zentralverband Deutscher Konsumvereine insgesamt 74,4 %.

Der Bankerott hat in der konsumvereinsgegnerischen Literatur eine große Rolle gespielt, in der Praxis jedoch kaum. Nach der großen Gründungszeit der sechziger Jahre erlebte die deutsche Konsumvereinsbewegung eine Gründungsperiode erst wieder um die Jahrhundertwende, und hier hatte sie das Glück, sofort bei Beginn der Entwicklung eine außerordentlich klare, zielbewußte Leitung zu finden, die die Bewegung sehr wegbewußt in die richtigen Bahnen leitete. Sowohl die Konsumvereine als auch die Großeinkaufsgesellschaft sind daher von den typischen genossenschaftlichen Verirrungen, die sich ergeben, wenn kaufmännische Dilettanten von ihrem eigenen Erfolg überrascht werden, fast ganz verschont geblieben. Der berühmte Fall eines großen Zusammenbruches war Jahre hindurch Leipzig-Connewitz. Im ganzen hat jedoch die Überwachung der Konsumvereinsentwicklung durch die Verbandsinstanzen ganz gut funktioniert. Natürlich ist nicht alles glatt gegangen. Man hat über manche Vereine und manche Maßnahme in den leitenden Kreisen sehr bedenklich den Kopf geschüttelt, und Heinrich Kaufmann hat einmal geschätzt, daß die Bewegung in den ersten Jahren des Jahrhunderts durch Sanierungen usw. ungefähr 100 000 Mark im Jahre verbraucht hat. Doch ist das alles unerheblich, wenn man sich etwa die kritischen Zeiten in der englischen Konsumvereinsbewegung anschaut, und man kann im ganzen der deutschen Bewegung das Zeugnis ausstellen, daß sie, von kleinen Dorfgründungen abgesehen, die eigensinnig ihre eigenen Wege wandeln wollten, verstanden hat, die Konsumvereine auf eine geschäftlich gesunde Bahn zu leiten und dort zu halten, ohne daß großes Lehrgeld bezahlt zu werden brauchte.

Zusammensetzung der Mitgliedschaft.

In den einzelnen Untervereinen sind zwei Drittel bis drei Viertel der Mitglieder Arbeiter oder Angestellte. Eine Ausnahme macht nur Württemberg, das immer einen starken Anteil des Mittelstandes an der Mitgliedschaft aufzuweisen hatte. Beamte und freie Berufe werden in der Statistik leider zusammengefaßt, so daß der Rechtsanwalt und der Briefträger in derselben Rubrik gezählt werden, wodurch ein Urteil über die soziale Schichtung sehr erschwert wird. Immerhin ist es bemerkenswert, daß der prozentuale Anteil dieser Gruppe im Zentralverband von 4,2 im Jahre 1908 auf 7,8 im Jahre 1921 gestiegen ist. Diese Steigerung wirkt sich in den einzelnen Unterverbänden zum Teil sehr viel stärker aus als im Zentralverband, da in den Verbänden, die bereits früher stärkere Mitgliedschaft aus Beamtenkreisen und dem freien Mittelstand hatten, die Verhältnisse gleichgeblieben sind und in den früher ausschließlich auf Arbeiterschaft gestellten Unterverbänden die Zunahme recht erheblich war. Am stärksten ist diese Gruppe in Württemberg und Südwestdeutschland mit 15% vertreten. Die Erfassung der landwirtschaftlichen Bevölkerung durch die Konsumvereine hat in den Unterverbänden, (die hierfür vorzugsweise in Frage kommen), Bayern, Mitteldeutschland, Südwestdeutschland, Thüringen und Württemberg außerordentliche starke Fortschritte gemacht.

IV. Die Konsumvereinsverbände.

1. Der Zentralverband Deutscher Konsumvereine und seine Revisionsverbände.

In Deutschland ist nicht nur die Organisation des einzelnen Vereins, sondern auch die Organisation der Verbände maßgebend beeinflußt durch das Genossenschaftsgesetz und seine Bestimmungen über die Revision. Der Gedanke gemeinsamer Revisionseinrichtungen ist schon zeitig aufgetaucht (1864). Er schien jedoch dem Gedanken der genossenschaftlichen Selbständigkeit zu widersprechen und wurde daher abgelehnt. Ende der siebziger Jahre ist er dann von neuem aufgetaucht und hat sich in den folgenden Jahren durchgesetzt. Als bei der Novelle des Genossenschaftsgesetzes von 1887 Bestimmungen über die Revision aufgenommen wurden, wurde sie in zweierlei Form vorgesehen, einmal durch Verbände, denen von der oberen Verwaltungsbehörde das Revisionsrecht verliehen werden konnte, und zweitens durch Revisoren, die der Registerrichter ernannte. Da die Zugehörigkeit zu einem Revisionsverband diese zweite Form ausschloß und bei der Eigenart des Genossenschaftsbetriebes die Revision durch einen fachkundigen Genossenschafter weit wertvoller war, als die durch einen fremden Bücherrevisor, spielte diese letzte Form in der Praxis nie eine Rolle. Alle irgendwie bedeutsamen Vereine schlossen sich den Revisionsverbänden an. Die im Gesetz vorgeschriebene Revision soll einmal innerhalb von zwei Jahren erfolgen. Die Revisionsverbände haben jedoch danach gestrebt, die Revision öfter vornehmen zu können. Die Verbände des Zentralverbandes revidieren, wenn irgend möglich, jährlich. Diese Revision durch den Verbandsrevisor ist, ganz anders als in den englischen Konsumvereinen, keine Bücherprüfung, sondern eine Treuhandprüfung der Geschäftsorganisation mit dem ausdrücklichen Zweck, Unzulänglichkeiten in der Geschäftsführung, beispielsweise Borgwirtschaft gegenüber den Mitgliedern, zu hohe Lagerbestände und ähnliche Mängel, die nur an der Hand des in der Bewegung Üblichen und der von den Verbänden festgelegten Richtlinien beurteilt werden können, aufzudecken, ehe üble Folgen eintreten. Diese Ausdehnung der Revision über die buchhalterische Richtigkeit des Abschlusses hinaus auf die gesamte Geschäfts gebarung, ist vor allem deshalb nötig, weil sowohl Leiter als Aufsichtsrat im großen und ganzen aus der Arbeiterschaft stammen oder aus ihr hervorgegangen sind und den Gedankengängen kaufmännischer und genossenschaftlicher Betriebsführung, insbesondere in den Anfangsstadien, zuweilen ziemlich fernstehen. Für die großen Vereine mit Millionenumsätzen ist die Revision nicht von besonderer Bedeutung. Hier wäre eine individualisierende vergleichende Betriebsstatistik wichtiger für die jedoch erst Anfänge bestehen.

Eine eigenartige Ergänzung der Revisionen hat der Südwestdeutsche Verband 1922 durch Einrichtung von Pflegschaften geschaffen. Ein gutgeleiteter Verein übernimmt die Pflegschaft über die Neugründung in seiner Nachbarschaft. Er berät den Verein genossenschaftlich und geschäftlich in persönlicher Aussprache. Die Kosten trägt der Verband. Diese Pflegschaften sollen es ermöglichen, auch zwischen den Revisionen nach dem Rechten zu sehen und Fehler aufzufinden, bevor sie großen Schaden angerichtet haben.

Der Zentralverband Deutscher Konsumvereine wurde im Jahre 1903, ein Jahr nach dem Ausschluß der 100 Vereine aus dem allgemeinen Verband, in Dresden gegründet. So wie der allgemeine Verband eine Föderation der Unterverbände bildete, die ihrerseits das Revisionsrecht hatten, wurde auch der Zentralverband als eine Föderation von Unterverbänden geschaffen. Es waren ursprünglich sieben teils alte, teils infolge der Spaltung neugegründete Verbände; später erweiterte sich die Zahl durch Aufteilung der süddeutschen Verbände in den bayrischen, württembergischen und südwestdeutschen auf neun; gegenwärtig sind es zehn. Die Übernahme der dem allgemeinen Verband angeschlossenen Konsumvereine hat diese Erhöhung der Zahl zur Folge gehabt. An der Spitze des Verbandes stand, wie in all diesen genossenschaftlichen Revisionsverbänden, ehrenamtlich ein Geschäftsführer eines führenden Vereins aus dem Verbandsgebiete, und diese Organisationsform ist auch beibehalten worden, nachdem der Zentralverband Deutscher Konsumvereine im Jahre 1906 dazu überging, in seinen Revisionsverbänden Sekretäre anzustellen. Bis dahin war die Revision von Geschäftsführern ehrenamtlich ausgeführt worden, jetzt wurden Sekretäre eingestellt, die im großen und ganzen aus der Geschäftsführerlaufbahn hervorgegangen waren, und sowohl die Agitationstätigkeit und die Vertretung der Interessen der Vereine gegenüber den Behörden und der Öffentlichkeit, als die Revisionstätigkeit übernahmen. Diese Sekretäre wirkten durchaus, obwohl der Titel Sekretär bis heute beibehalten ist, als die Syndizi der Unterverbände; später sind ihnen zweite Sekretäre beigegeben worden, um die Revisionen alljährlich vornehmen zu können. Neben den Sekretären wirken hier und da noch immer Geschäftsführer anderer Vereine als Revisoren mit. Dieses Revisionswesen hat im ganzen ausgezeichnet funktioniert. Ein krasses Versagen ist eigentlich nur 1905 in Leipzig-Connewitz zu verzeichnen gewesen und eine Mißachtung der Ermahnungen des Revisors kommt nur hin und wieder in kleinen Vereinen vor, die dann aus dem Verbande ausgeschlossen werden. Doch sind derartige Vorgänge Ausnahmen. Die Leitung des Revisionsverbandes hat der Verbandsvorstand; in Württemberg ist der Sekretär, der frühere Reichstagsabgeordnete Feuerstein, nicht als Sekretär, sondern als geschäftsführendes Vorstandsmitglied bestellt, doch haben auch die anderen Sekretäre eine kollegiale Stellung in ihrem Vorstand. Neben dem Vorstand existiert seit einigen Jahren in allen Verbänden ein Aufsichtsrat, der sich im allgemeinen auf den Einkaufsvereinigungen aufbaut. Man will neben Vorstand und Geschäftsführung ein Organ haben, das die nach der örtlichen Lage verschiedenen Interessen der Vereine repräsentiert.

Als der Zentralverband im Jahre 1903 errichtet wurde, übernahm er die Schriftleitung der Großeinkaufsgesellschaft, d. h. er bestellte den Redakteur des „Wochenberichtes" als seinen Generalsekretär und übernahm damit den ganzen Propagandaapparat, den Heinrich Kaufmann in der Großeinkaufsgesellschaft geschaffen hatte, da eine Zusammenfassung der genossenschaftlichen Interessen im allgemeinen Verband nicht existierte und nicht möglich war. Bis zum Jahre 1912 standen formell ein unbesoldeter Vorstand und der Generalsekretär Heinrich

Kaufmann an der Spitze des Zentralverbandes. Tatsächlich war Kaufmann durchaus der Führer des Zentralverbandes. Im Jahre 1912 wurde die Organisation geändert; der Vorstand wurde aus drei besoldeten und einigen unbesoldeten Mitgliedern zusammengesetzt; die Zahl der besoldeten ist nachträglich auf vier erhöht worden. Der Vorstand besteht aus Heinrich Kaufmann, zwei früheren Verbandsdirektoren von Unterverbänden und dem Redakteur der Veröffentlichungen des Zentralverbandes, einem Berufsjournalisten.

Heinrich Kaufmann, der literarische und geistige Führer der Bewegung um 1900, der im Zentralverband von der Gründung an die Führung hatte, ist von Haus aus Lehrer, war dann Redakteur in Harburg und hat in dieser Stellung Ende der neunziger Jahre im Nebenamt die Redaktion des „Wochenberichtes" der Großeinkaufsgesellschaft geführt, nachdem er schon als Lehrer in der ersten Hälfte der neunziger Jahre, ohne den Konsumvereinen praktisch nahezustehen, ihre Bedeutung erkannt und vertreten hatte. Die unbesoldeten Vorstandsmitglieder sind Geschäftsführer größerer Vereine, ferner befindet sich unter ihnen der leitende Direktor der Großeinkaufsgesellschaft Deutscher Konsumvereine.

Der Ausschuß besteht aus den Verbandsdirektoren und drei hinzugewählten tätigen Konsumgenossenschaftern. Zu diesen hinzugewählten zählten bis zu ihrem Tode Adolph v. Elm und Professor Staudinger. Als im Jahre 1903 das Statut beschlossen wurde, machten die damals in der Genossenschaftsbewegung tätigen intellektuellen Sozialisten den Versuch, im Ausschuß Platz für Theoretiker, die nicht von einem Verband delegiert werden, zu schaffen. Ihr Antrag wurde abgelehnt und in der Folge sind diese an der Genossenschaftsbewegung interessierten Sozialisten (Katzenstein, das Ehepaar David usw.) wieder aus der Bewegung ausgeschieden; denn wer keine offizielle Stellung in der Genossenschaftsbewegung hatte, konnte schlecht mitarbeiten.

Wie in der einzelnen Genossenschaft neben Vorstand und Aufsichtsrat der Genossenschaftsrat getreten ist, so schuf sich auch der Zentralverband zwischen Vorstand und Ausschuß einerseits und der Generalversammlung andererseits ein internes Organ größeren Umfanges, den Generalrat. Bereits 1907 kündigte ihn Heinrich Kaufmann an, 1912 wurde er dann in der großen Statutenrevision des Zentralverbandes geschaffen. Ihm gehören von jedem Unterverband Vorstand und Aufsichtsrat, der erste Sekretär und so viel gewählte Mitglieder an, daß auf jeden Unterverband zwölf Mitglieder entfallen. Dieser Generalrat tritt zweimal im Jahre, einmal unmittelbar vor dem Genossenschaftstag und einmal im Winter zusammen und bietet die Möglichkeit, alle wichtigen Fragen der Bewegung im kleinen, geschlossenen Kreise, der geringe Veränderungen erleidet, zu erörtern. Er ist heute das eigentliche Genossenschaftsparlament.

Zeigte der Genossenschaftstag schon immer eine gewisse Verwandtschaft mit den Katholikentagen, stellte er im wesentlichen eine Parade dar, so ist er durch diese Schaffung des Generalrates noch mehr zu einer rein demonstrativen Veranstaltung geworden, deren alleiniger Wert darin beruht, daß sich die Genossenschaftler alle Jahre mehrere Tage treffen und einen eingehenden Meinungsaustausch pflegen können. Der parlamentarische Meinungsaustausch der Bewegung findet nur im internen Kreise statt. Das Stimmrecht auf dem Genossenschaftstage ist seit 1920 nach der Mitgliederzahl der Genossenschaften abgestuft.

Der Zentralverband hat die geistige Führung der Bewegung und ihre Vertretung in der Öffentlichkeit. Er gibt die genossenschaftliche Presse heraus, die Konsumgenossenschaftliche Rundschau als Fachblatt für Vorstände, Aufsichtsräte, leitendes Personal und das Volksblatt mit Sonderinhalt für die einzelnen Verbände und Vereine für die Mitglieder. Seine Verlagsanstalt verlegt die genossenschaftliche Fach- und Propagandaliteratur. In früheren Jahren organisierte er auch Vortragsreisen zur Propaganda für das Konsumgenossenschaftswesen. In Rechts- und Steuerfragen steht er den Vereinen zur Seite, tritt den Behörden gegenüber auch sonst als Vertreter der allgemeinen sowie speziellen Vereinsinteressen auf, was besonders zurzeit der Lebensmittelbewirtschaftung von großer Bedeutung war. Weiter berät er sie geschäftlich und technisch bei Bauten und Betriebserweiterungen. Die Schäden, die früher durch unüberlegtes Bauen entstanden sind, sind seit Jahren durch diese Tätigkeit der Zentrale vermieden worden. Schließlich wirkt er als Arbeitgeberverband der Vereine und führt die Verhandlungen mit den Gewerkschaften.

In den ersten Jahren nach der Entstehung des Zentralverbandes deutscher Konsumvereine wuchsen die leitenden Persönlichkeiten in den einzelnen Vereinen mit ihren Vereinen. Man fand jedoch bald, daß die Bewegung damit allein nicht bestehen kann, daß für Nachwuchs und Ausbildung gesorgt werden muß. Im Jahre 1911 wurde das

Bildungswesen des Zentralverbandes geschaffen. Es sah zunächst dreierlei Veranstaltungen vor:

1. Wanderkurse von erst sechs, dann acht Wochen Dauer in den einzelnen Unterverbänden, für Vorstandsmitglieder und Angestellte. Genossenschaftliche Theorie und Praxis, insbesondere Buchhaltung und Warenkunde und Volkswirtschaftslehre, bildeten den Inhalt dieser Kurse;
2. Kurse für Aufsichtsratsmitglieder im Zusammenhang mit den anderen Kursen an mehreren aufeinander folgenden Sonntagen;
3. Vorträge in den Einkaufsvereinigungen in der Regel in besonderen Vortragskonferenzen an Sonntagen (also ohne Verbindung mit Einkaufstagen).

Von diesen drei Einrichtungen war die bedeutungsvollste die Unterrichtung der Vorstandsmitglieder und Angestellten. Insbesondere wurde die privatwirtschaftliche Schulung dieses Personenkreises durch die Kurse recht erheblich gefördert. Der Krieg hat diese Entwicklung glatt unterbrochen. Im Mittelpunkt steht jetzt die bereits längst geplante Schule für den Nachwuchs, in der die Schüler in Hamburg sechs Monate ausgebildet werden.

Überschaut man die gesamte Organisation des Zentralverbandes deutscher Konsumvereine und ihre Entwicklungsgeschichte, so wird man sagen müssen, daß der Zentralverband kein Übermaß an organisatorischem Leben zeigt. Viel stärker als in der Gewerkschaftsbewegung zeigt sich hier eine Einkapselung der führenden Genossenschafter in die Arbeit für ihren eigenen Verein, während in der Gesamtbewegung nur einige Persönlichkeiten wirklich mitarbeiten und der gesamte Verband mit wenigen Ausnahmen durchaus unter der Führung seines Vorstandes in Hamburg steht. Diese mangelhafte Initiative der einzelnen in der Gesamtbewegung, dieses absichtliche Zurückhalten aus dem Zentralverband, diese lokale Beschränkung hat für die Genossenschaftsbewegung bisher noch keine weiteren Folgen gehabt; ob es auf die Dauer nützlich ist, darf mit Recht angezweifelt werden; bedenklich und beachtenswert ist es vor allem unter dem Gesichtspunkt, daß die Konsumvereine, die die freie Gemeinwirtschaft einführen, dadurch gewisse Bedenken gegen die Sozialisierung erwecken müssen. Organisatorisch eigene Wege gegangen ist eigentlich nur die württembergische Bewegung, die sich auch ihr eigenes, von Hamburg unabhängiges Blatt schuf. Eine gewisse Opposition kam dauernd aus Sachsen; sie richtete sich gegen die sogenannte Überneutralität und verkörperte doch im Grunde nur die Gegnerschaft des sächsischen radikalen Sozialismus gegen den durch die Hamburger Leitung verkörperten Revisionismus. Genossenschaftstechnische Fortschritte sind aus Sachsen nicht gekommen, und die beiden Gebiete, die sie brachten, Nordwestdeutschland und Rheinland-Westfalen, begnügten sich damit, zu arbeiten, zu sagen, was man geleistet habe, ohne jedoch irgendeinen Versuch zu machen, auf den Zentralverband einen Einfluß auszuüben.

Die enge Verbindung der genossenschaftlichen Presse mit den Verbänden brachte sowohl den Organisationen als der Presse mancherlei Vorteile, andererseits wurde es in der Bewegung doch stets als Mangel empfunden, daß das gesamte Schriftwesen offiziös war und im Dienste von Verband und Großeinkaufsgesellschaft stand. Der Thüringer Genossenschaftler Zschätzsch hat in der „Sozialistischen Genossenschaft" jetzt: „Die Gemeinwirtschaft" ein unabhängiges Blatt geschaffen. Dieses steht nicht in Opposition gegendie Zentralinstanzen, führt keinen Kampf gegen Hamburg, ist aber doch völlig frei von Rücksichten auf die Verbandspolitik.

Der Verband übernahm bei seiner Gründung die Schriftleitung der Großeinkaufsgenossenschaft, zu der nicht nur das Verlagsgeschäft, sondern auch ein Handel mit den Bureaubedarf der Konsumvereine gehörte. Als er 1907 in das neue Haus der Großeinkaufsgesellschaft zog, richtete er darin eine Druckerei, die insbesondere auch den Rollenmarkendruck betrieb, ein. Hieran schloß sich später die Gründung einer Tütenfabrik. Der Verband strebte mit einem gewissen Erfolg danach, dem Papier- und Drucksachenbedarf der Bewegung allein zu decken. Die Vereine konnten sich den Verpflichtungen, am Orte drucken zu lassen, nicht immer entziehen, wenn auch der Frachtvorteil vielfach unerheblich war, da der Hamburger Betrieb auf die Arbeiten besonders eingestellt war und technisch und geschmacklich Mustergültiges leistete.

Der Verlagsanstalt, später Verlagsgesellschaft genannt, gliederte sich 1909 eine Versicherungsabteilung an, die die Versicherung der Konsumvereine selbst als Makler vermittelte und auch die Mitgliederversicherung organisierte. Zu diesem Zwecke schloß sie mit einer Feuerversicherungsgesellschaft einen Vertrag ab. Das Lebensversicherungsgeschäft für die Konsumvereinsmitglieder betreibt die 1912 gegründete „Volksfürsorge" A.G., an der Genossenschaften und Gewerkschaften zu gleichen Teilen beteiligt sind. Die Gründung einer ähnlichen gemischten Organisation für die Feuerversicherung ist von den Gewerkschaften gewünscht worden, die Genossenschaften planten zeitweilig, diese neue Gesellschaft als reine Veranstaltung der Genossenschaften aufzuziehen, werden aber die Feuerversicheruug nach dem neuesten Stande der Verhandlungen doch gemeinsam mit den Gewerkschaften organisieren.

Verlagsgesellschaft und Zentralvorstand stehen in Personalunion, die Vorstandsmitglieder des Zentralvorstandes sind Geschäftsführer der Verlagsgesellschaft m. b. H., der Ausschuß des Zentralverbandes ist zugleich Aufsichtsrat der Gesellschaft. Es ist also planmäßig ein Teil der Aufgaben einer Großeinkaufsgesellschaft auf den Zentralverband übertragen worden, dieser ist dadurch relativ unabhängig von den Beiträgen geworden und lebt im wesentlichen von seinem eigenen Unternehmen, welches ihm größere finanzielle Bewegungsfreiheit gibt.

Der Reichsverband Deutscher Konsumvereine.

Nachdem der „Allgemeine Verband" seine Konsumgenossenschaften an den Zentralverband abgegeben hat, besteht neben diesem nur noch der Reichsverband Deutscher Konsumvereine, früher Verband Westdeutscher Konsumvereine. Er bildet die Zentrale der den christlichen Gewerkschaften nahestehenden Konsumvereine und ist in den letzten Jahren auch zu einem Sammelpunkt der Beamtenkonsumvereine geworden.

Im Oktober 1900 wurde von der neu entstehenden christlichen Gewerkschaftsbewegung die erste Einkaufskasse ins Leben gerufen (Giesberts, Soziale Praxis, XII, 564). Die Idee war, der gegenüber der Konkurrenz schwachen, im Entstehen begriffenen christlichen Gewerkschaftsbewegung mehr Anziehungskraft zu geben. Man schuf als Anhängsel der gewerkschaftlichen Ortsgruppen Einkaufskassen, in denen für die Herbsteinkäufe an Kohlen und Kartoffeln während des Sommers gespart wurde. Um die aufgesparten Gelder in der Zwischenzeit zu nützen, begann man dann, auch andere Artikel auf gemeinsame Bestellung zu kaufen und zu verteilen. Daraus wurden etwas später reguläre Konsumgenossenschaften der christlichen Gewerkschaften. Auf dem christlichen Gewerkschaftskongreß in München 1902 befaßte man sich mit diesen Gründungen, deren damals 37 Vereine mit 2470 Mitgliedern und 200 000 Mark Jahresumsatz bestanden. Trotz dieser außerordentlich kleinen Ziffern hatte man sich bereits ein Jahr früher entschlossen, auch eine Einkaufszentrale zu gründen. Im Jahre 1904 versandte der

Gründer des Konsumvereins „Eintracht", früherer Vorsitzender des christlichen Gewerkschaftskartells Mülheim, Peter Schlack, ein Rundschreiben an 60 Vereine, um einen Delegiertentag „christlich-nationaler Konsumvereine" einzugerufen. Auf dieses Rundschreiben hin wandte sich Heinrich Kaufmann an Schlack und protestierte dagegen, daß die Hamburger Vereine als sozialdemokratisch bezeichnet würden; er hatte aber doch wohl kaum die Hoffnung, daß er ein Zusammengehen erreichen könnte. Im Juni 1905 fand der erste Delegiertentag statt, auf dem 42 Vereine mit 5400 Mitgliedern und 3 Millionen Mark Jahresumsatz vertreten waren. Er richtete die einstimmige Aufforderung an die Gewerkschaftskonsumvereine, sich zu allgemeinen Konsumvereinen umzugestalten. Um für diese Vereine, die einen eigenen Revisionsverband noch nicht tragen konnten, den Anschluß an einen Revisionsverband zu schaffen, wurde im folgenden Jahre eine Konsumvereinsabteilung im Verband der rhein-preußischen landwirtschaftschaftlichen Genossenschaften eingerichtet. Nachdem Schlack im Mai 1908 für diese Genossenschaften ein Blatt, den „Konsumverein", geschaffen hatte, gründete er Ende 1908 mit 48 Vereinen den Verband Westdeutscher Konsumvereine. In der Abteilung waren zuletzt 42 Vereine mit 28 500 Mitgliedern und 9,7 Millionen Mark Umsatz vereinigt. Im Juli 1913 beschloß man die Ausdehnung des Verbandes auf ganz Deutschland und änderte entsprechend den Namen in Reichsverband Deutscher Konsumvereine um. Dieser Verband zählte am 1. Januar 1914 159 Vereine mit 143 000 Mitgliedern und 53 Millionen Mark Jahresumsatz und am 1. Januar 1921 418 Vereine mit 493 000 Mitgliedern und 530 Millionen Mark Jahresumsatz.

In der Organisation ähnelt der Verband durchaus dem Zentralverband Deutscher Konsumvereine. Er hat sieben Bezirksverbände gegründet und 1913 nach Hamburger Muster eine Verlagsanstalt errichtet, die die Herstellung und den Vertrieb der Kontobücher und anderer Bedarfsartikel für den Bureaubetrieb der Konsumvereine sowie die Vermittlung der Versicherungen übernahm. Auch in den allgemeinen genossenschaftlichen Grundsätzen ähnelt er durchaus dem Hamburger Verband, propagierte z. B., im Gegensatz zum Allgemeinen Verband, die Bezirkskonsumvereine und die Eigenproduktion, nur litt er in besonders starkem Maße unter der Kleinheit der Genossenschaften und Zersplitterung in seinen Vereinen. So wird im Jahresbericht 1915/16 mitgeteilt (Seite 84), daß Genossenschaften beständen, die in 7—8 Verkaufsstellen einen Umsatz von 100—150 000 Mark erzielten. Von den

Vereinen, über die die Statistik 1914 berichtet, hatten 133 unter 100 000 Mark Umsatz, darüber 48 Vereine; Millionenvereine zählte sie neun, von denen einer über 10 Millionen Mark Umsatz erreicht hatte.

Die Entstehung des Reichsverbandes Deutscher Konsumvereine ist durchaus auf das Kampfverhältnis, in dem freie und christliche Gewerkschaften standen, zurückzuführen. Man bekämpfte sich damals auf gewerkschaftlichem Gebiete derartig heftig, daß ein Zusammenarbeiten auf genossenschaftlichem nur schwer möglich war. Dazu kam später der Umstand, daß der Zentralverband Deutscher Konsumvereine seine Tarifverträge mit den freien Gewerkschaften abschloß und zu den Vertragsabschlüssen mit den christlichen Gewerkschaften keine ganz klare Stellung nahm. Man konnte sich in Hamburg für Vertragsabschlüsse mit diesen, aus Rücksicht auf die zahlreichen freien Gewerkschafter, die dem Zentralverband angehörten, nicht prinzipiell erklären und konnte auf der anderen Seite die christlichen Gewerkschaften nicht gut als Vertragspartner ablehnen. Infolgedessen erklärten die Genossenschaften, sie wären neutral und verlangten auch von den Vertragspartnern Neutralität, könnten also einen Tarifvertrag nicht mit einer Gewerkschaft abschließen, die in feindseliger Weise einen Teil der Genossenschaftsmitglieder von der Mitgliedschaft auch dann ausschließt, wenn diese Mitglieder Arbeiter des durch die Gewerkschaften repräsentierten Berufes sind (Jahrbuch des Zentralverbandes 1908, II. Bd., S. 548). Diese Stellung hinderte natürlich nicht, daß einzelne Tarifverträge auch mit christlichen Gewerkschaften in Rheinland-Westfalen abgeschlossen wurden, doch im ganzen bildete diese Haltung ein Hindernis, wobei aber auf seiten des Zentralverbandes schon der ernsthafte Wille zu einer Regelung bestand. Offenbar waren die Gewerkschaften für eine derartige Neuregelung noch nicht genügend angenähert, und der Verband Westdeutscher Konsumvereine war zufrieden, diese Begründung für seine Haltung zu haben. Er war in lebhafter und guter Entwicklung begriffen und dachte nicht daran, sich als selbständiger Revisionsverband, wozu die Möglichkeit bestanden hätte, von der großen Hamburger Organisation verschlucken zu lassen. Dementsprechend betonte er sehr stark seine Bedeutung als einziger neutraler Konsumvereinsverband uud warf dem Zentralverband in mehr oder minder vorsichtiger Verklausulierung mangelnde Neutralität vor. Doch können all diese Reibungen ebenso wie die kleinen Kämpfe beim Errichten von Verkaufsstellen in derselben Straße nicht darüber hinwegtäuschen, daß in Hamburg und in Köln oder jetzt Düsseldorf-Reißholz auf verschieden großer Plattform im Grunde dieselbe Genossenschaftspolitik gemacht wurde.

V. Der Großeinkauf.

Der einzelne Konsumverein beruht auf dem gemeinsamen Einkauf im großen. Es ist daher außerordentlich naheliegend, dieses Prinzip weiter anzuwenden und gemeinsam mit anderen Vereinen einzukaufen. England hat zeitig Experimente in dieser Richtung gemacht und ging, nachdem der Einkauf durch Vermittlung größerer Vereine keinen Erfolg brachte, schon 1863 zur Gründung der englischen und etwas später der schottischen Großeinkaufsgesellschaft über.

Es ist hier nicht die Geschichte des Großeinkaufs in Deutschland zu schreiben. Heinrich Kaufmann hat über sie zwei umfangreiche Darstellungen veröffentlicht, die an dieser Stelle nicht exzerpiert werden sollen, es seien hier nur in möglichster Knappheit die Grundzüge der Entwicklung gezeigt. Pläne für einen gemeinsamen Einkauf tauchten bereits in den sechziger Jahren auf, so 1863 in Rheinland-Westfalen, 1867 in der Provinz Sachsen. Dr. Max Hirsch empfahl den Bezug vom neuen Konsumverein in Magdeburg. Parisius vertröstete für eine Großeinkaufsgesellschaft nach englischem Muster auf spätere Zeit. In den nächsten Jahren erhielt die Frage der Großeinkaufsgesellschaft eine gewisse Bedeutung. Die Propaganda ging von Dr. Eduard Pfeifer aus, der 1867 eine Anzahl Vereine zusammenführte. 1869 wurde dann die Gründung einer Großeinkaufsgesellschaft in Mannheim beschlossen, die infolge ihrer Lage und der Widerstände der Schultze-Delitzschen Bewegung gegen Pfeifer natürlich keine allgemeine Bedeutung gewinnen konnte. 1872 wurde die Mannheimer Großeinkaufsgesellschaft in eine Aktiengesellschaft umgewandelt, 1875 ihre Auflösung beschlossen; nach zweijähriger Liquidation ergab sich, daß 40% des Aktienkapitals verloren waren. Dieser Mißerfolg war zum Teil auf die mangelnde Betätigung der Vereine, zum Teil wohl auch auf ungenügendes Verständnis für konsumgenossenschaftliche Organisation zurückzuführen. Daß die absolute Beschränkung auf die Genossenschaftsbewegung, die Organisierung des Bedarfes, die Grundlage jeder derartigen Tätigkeit sein muß, hatte man damals noch nicht erkannt. Die führenden Genossenschafter des allgemeinen Verbandes waren in der Bekämpfung der süddeutschen Gesellschaft außerordentlich eifrig gewesen, ohne jedoch irgendwie in ihren theoretischen Kenntnissen höher zu stehen. Insbesondere hatte Parisius nicht die geringste Vorstellung von dem, was in England vor sich ging und „nahm an“, daß die englische Großeinkaufsgesellschaft an jedermann verkaufte und für jedermann zugänglich wäre. Der Gedanke der Zentralgenossenschaft war bei ihm noch längst nicht ausgereift. Die folgenden Jahre brachten mit ihrer Stagnation der Genossenschaftsbewegung natürlich keine weitere Entwicklung des gemeinsamen Einkaufs. Ende der siebziger Jahre wurde einmal ein bedeutungsloses Angebot, eine Zentrale einzurichten, erörtert. Erst mit dem Erstarken der Vereine in Sachsen und Mitteldeutschland in der zweiten Hälfte der achtziger Jahre gewann der Gedanke, eine Großeinkaufsgesellschaft zu errichten, wieder etwas Leben. 1886 machte ein Thüringer Großkaufmann auf dem Thüringer Unterverbandstag Vorschläge in dieser Richtung, fand aber eine verschleierte Ablehnung. 1891 wiederholte er seine Vorschläge und gründete, ohne weitere Fühlungnahme mit der Bewegung, eine Agentur für Konsumvereine in Hamburg. Fast zu gleicher Zeit entstand in Bremen unter Mitwirkung einiger Genossenschafter eine Großeinkaufsgesellschaft, die ebenfalls ein Privatunternehmen war, aber doch wenigstens persönliche Fühlung mit der Bewegung hatte. Die Unterverbandstage verhielten sich zunächst abwartend, bis um die Jahreswende 1893/94 im wesentlichen durch sächsische Genossenschafter in Hamburg die Gründung einer Großeinkaufsgesellschaft m.b.H. erfolgte. Von den 47 gründenden Konsumvereinen waren 27 aus Sachsen. Dieses Überwiegen der Sachsen erklärt sich leicht aus zwei Gründen. Einmal hatte Sachsen damals die entwickelte und tatkräftige Genossenschaftsbewegung, andererseits kam es durch seine Wasserverbindung mit Hamburg als Abnehmer einer hamburgischen Gründung in erster Linie in Frage. Der schon erwähnte Kaufmann, der die Agentur gegründet hatte, wurde zunächst als Geschäftsführer übernommen, aber noch vor der Eintragung auf dem Registergericht wieder hinausgesetzt, worauf er sich selbständig machte und einige Jahre hindurch eine Konkurrenzgründung gegen die eigene Gründung der Konsumvereine betrieb.

Die Anwaltschaft des allgemeinen Verbandes, insbesondere der damalige Anwalt Schenk, hat in dieser Zeit absolut versagt. Sie kannte offenbar die englischen Verhältnisse völlig unzulänglich, stand einer zentralen Gründung skeptisch gegenüber, neigte zu provinzialen Einkaufsgesellschaften als Vorstufen und hatte bei dieser innerlich schwankenden, unentschlossenen Haltung die natürliche Neigung, statistische Erhebungen zu veranstalten, „Material zu sammeln“, um so die Entscheidung hinauszuschieben. Die Gründung der Großeinkaufsgesellschaft erfolgte durchaus aus der Masse der Bewegung, aber durch dieses Versagen der Leitung, durch dieses Angewiesensein auf das Massenbedürfnis gab es einen großen Zeit- und Kraftverlust und auch vielfach ein Nachlassen der ersten Begeisterung. Die Zahl der damals existierenden organisierten Konsumvereine dürfte nach Heinrich Kaufmann (S. 254 der Jubiläumsschrift) etwa 450 mit 300 000 Mitgliedern und 9 Millionen Mark Umsatz gewesen sein. Die Gesellschaft entwickelte sich zunächst recht bescheiden. Erst die Englandreise des Aufsichtsrates im Jahre 1899 wirkte wie eine Offenbarung und gab im Zusammenhang mit der nun einsetzenden starken Entwicklung des deutschen Konsumvereinswesens den Anstoß zu einem rapiden Aufschwung. Zu dieser Entwicklung trug auch bei, daß die Großeinkaufsgesellschaft, die schon im Jahre 1895 begonnen hatte, ihren Preislisten einige Artikel beizufügen und so den Kern zu einem Blatt geschaffen hatte, im Jahre 1899 nach der Englandreise die Preisliste zu einem wöchentlichen Fachblatt der Konsumvereine, dem „Wochenbericht“, erweiterte, der unter der ausgezeichneten Leitung von Heinrich Kaufmann nicht nur den Konsumvereinen ein Führer im Kampfe wurde, sondern selbstverständlich auch zur Stärkung der Großeinkaufsgesellschaft beitrug.

Für den heutigen Konsumgenossenschafter ist das Unternehmen, das im Jahre 1893 gegründet wurde, und 1894 den Geschäftsbetrieb aufnahm, nur eine ganz kleine Agentur. In einem Zimmerchen saßen in Hamburg der Geschäftsführer und drei Personen Personal. Die Gründung und die ersten Jahre der Großeinkaufsgesellschaft sind von Heinrich Kaufmann in seiner „Geschichte des Großeinkaufs in Deutschland“, die zu der Gründungstagung des Zentralverbandes deutscher Konsumvereine herausgegeben wurde, eingehend geschildert. Eine weitere Darstellung hat die Geschichte der Großeinkaufsgesellschaft in einem zweiten Buche von Kaufmann, das zu ihrem 25 jährigen Bestehen verfaßt wurde, gefunden. Es erscheint bei der allgemeinen Zugänglichkeit dieser Bücher nicht angebracht, die Entwicklung hier noch einmal genau zu zeichnen. In diesem Rahmen soll nur ein knappes Bild von ihr gegeben werden. Im zweiten Geschäftsjahr 1895 wurde das Kontor durch ein zweites Zimmer vergrößert; zwei Kontoristen wurden eingestellt, ein kleines Lager eingerichtet. Bei einigen größeren Konsumvereinen wurden durch Komplettierung von Waggonsendungen kleine Kommissionslager eingerichtet. Der Umsatz betrug in diesem zweiten Geschäftsjahr 18 Millionen Mark; die Großeinkaufsgesellschaft war also im ganzen eine bescheidene Einkaufsagentur mit ein wenig Propregeschäft. Sie litt unter Kapitalmangel, sie litt darunter, daß die Bewegung im ganzen noch klein war und noch mehr an dem Mangel an Ideen und Führung in dieser Zeit. Erst das Jahr 1899 brachte einen Umschwung. Man muß hierbei bedenken, daß 1897 der große Hafenarbeiterstreik in Hamburg stattgefunden hatte, und daß im Anschluß daran die Hamburger Gewerkschafter die Gründung des „Konsum-, Bau- und Sparvereins Produktion" erwogen, daß also im Jahre 1899 in die Bewegung nicht nur neues Denken infolge des Eintretens der intellektuellen Sozialisten für die Konsumvereine eingezogen war, sondern auch der große Impuls, den die Bewegung durch die Hamburger Gründung erhielt, zu wirken begann. In diesem Jahre machte der Aufsichtsrat eine Reise nach England, um die Einrichtungen der englischen Großeinkaufsgesellschaft zu studieren. Diese Reise brachte nicht nur eine Fülle von einzelnen Anregungen, sondern vor allem durch ihre agitatorische Ausnutzung in Deutschland für die ganze Entwicklung einen größeren Ansporn. Man lernte aus diesen Schilderungen erst, was möglich ist und welche Zukunftsaussichten bestanden; denn die Großeinkaufsgesellschaft war auch damals noch ein recht kleines, unbedeutendes Lädchen. Man stellte in diesem Jahre den ersten Reisenden mit 200 Mark Monatsgehalt ein; daß dieser erste Reisende der bisherige Aufsichtsratsvorsitzende war, zeigt, in welchem Stadium sich damals nicht nur die Großeinkaufsgesellschaft, sondern auch die ganze Bewegung befand. Ein weiteres wichtiges Ereignis bildete 1900 die Wahl des Leipziger Geschäftsführers Fell zum zweiten Geschäftsführer der Großeinkaufsgesellschaft. Mit Fell kam sowohl ein Mann der genossenschaftlichen Praxis, der den Bedarf der Vereine genau kannte, in das Unternehmen, als auch eine organisatorische Kraft ersten Ranges. Aus der Verbindung des neuen Geistes in der Geschäftsführung mit dem allgemeinen konsumgenossenschaftlichen Aufschwung entstand die große Entwicklung der Großeinkaufsgesellschaft. Während 1900 der Umsatz nur 8 Millionen Mark betrug, betrug er 1901 15 Millionen, 1902 21 Millionen, 1903 26 Millionen Mark.

Die Großeinkaufsgesellschaft trat nun, nachdem sie Boden unter den Füßen gewonnen hatte, in die Jahre des Aufbaues und Ausbaues in jeder Beziehung ein. Sie errichtete sich ein technisch vorzüglich eingerichtetes, großes Bureauhaus, sie baute sich einen Verkaufsapparat durch Anstellung von Reisenden und Errichtung von Lagern in der Provinz auf, sie faßte ganz planmäßig den Bedarf der Konsumvereine zusammen. Dazu betrieb sie neben dem Eigengeschäft in großem Umfange ein Kommissionsgeschäft, indem sie mit Fabriken über große Lieferungen abschloß und die Ware, ohne sie auf Lager zu nehmen, ab Fabrik waggonweise disponierte. Nachdem sie durch ihr Kommissionsgeschäft einen Überblick bekommen hatte, dehnte sie ihr Eigengeschäft oder Eigenproduktion aus. Die Marke GEG wurde für alle möglichen Markenartikel an Stelle bekannter anderer Marken eingeführt, um so Propregeschäft, Eigenproduktion und eigene Veredelung vorzubereiten. Die Marke GEG bot für die Gesellschaft all die bekannten Vorteile des Markenartikels und stärkte zugleich mit der Genossenschaftsbewegung die Stellung der Großeinkaufsgesellschaft gegenüber den Vereinen.

Die Entwicklung der Eigenproduktion wurde durch einen langwierigen Kampf, dessen Geschichte in dem Buch von Dr. August Müller, dem früheren Vorstandsmitglied des Zentralvereins Deutscher Konsumvereine und späteren Leiter des Reichswirtschaftsamtes, über die Seifenfabrik der Großeinkaufsgesellschaft nachzulesen sich lohnt, lange hinausgezögert. Diese Verzögerung war wahrscheinlich ein Vorteil, da infolgedessen die Eigenproduktion schließlich auf sehr viel größerer Basis begonnen wurde, als es nach den ersten Entwürfen geplant war. Die Hindernisse, die die Seifenfabrik in Aken und Zerbst fand, sind ein Zeichen dafür, wie weit die Konsumvereinsbekämpfung aus Gründen der Mittelstandspolitik und der Gegnerschaft gegen die Sozialisten bei allen Behörden damals ging. Für Aken war übrigens wohl der maßgebende Grund, daß man von dem Zuzug neuer Arbeiter, den der Bau der Großeinkaufsgesellschaft bringen mußte, einen Verlust des Reichstagsmandates fürchtete. In dem Jahrzehnt von der Verselbständigung der deutschen Konsumvereinsbewegung bis zum Kriege hat die Großeinkaufsgesellschaft sich, ebenso wie die Gesamtbewegung, außerordentlich stark ausgedehnt und entwickelt. Wer in dieser Zeit die Zentrale nur alle paar Jahre sah, war immer von neuem erstaunt über die Veränderungen, die die Vergrößerung des Geschäftsbetriebes mit sich brachte.

Für das Jahr 1913, das letzte Geschäftsjahr vor Kriegsausbruch, in dem die Gesellschaft 20 Jahre bestand, seien hier einige Zahlen wiedergegeben, die einen ungefähren Querschnitt durch den damaligen Geschäftsbetrieb bieten.

Bei 807 Mitgliedern und über 1500 Abnehmern erzielte die Gesellschaft einen Umsatz von 154 Millionen Mark. Die dem Zentralverband angeschlossenen Vereine deckten ungefähr ein Drittel ihres Bedarfes, nach dem Verkaufspreise gerechnet, bei der Großeinkaufsgesellschaft. Von den 154 Millionen Mark machte der Veredelungsumsatz nur 4,2 Millionen und die Eigenproduktion 10 Millionen Mark aus. Die Zusammensetzung nach Waren wurde von der Großeinkaufsgesellschaft ebensowenig wie die Zusammensetzung nach Kommissionsgeschäft und Propregeschäft angegeben. In dem G.E.G.-Buche von 1918 sind die Umsätze der Warenabteilungen der Großeinkaufsgesellschaft aufgeführt, aus denen sich jedoch nur entnehmen läßt, daß die Manufaktur- und Schuhwaren einen Umsatz von 8,3 Millionen Mark und der Kaffee von 5,2 Millionen ausmachten. Von der Eigenproduktion entfielen 6,6 Millionen auf die Seifenfabriken, 2,6 Millionen auf die Zigarrenfabrikation, 150 000 Mark auf die Kautabakfabrik und 460 000 Mark auf die Zündholzfabrik.

Während die Seifenfabriken Gröba und Düsseldorf in großzügiger Weise neu errichtet worden sind, übernahm die Großeinkaufsgesellschaft sowohl bei der Zigarrenfabrikation als bei der Kautabakfabrikation Produktivgenossenschaften. Diese Übernahme von Produktivgenossenschaften, die durch ihre Produktion für Konsumvereine und die Beteiligung von Konsumvereinsgeldern aus Arbeiterproduktivgenossenschaften allmählich mehr oder minder zu Zentralgenossenschaften geworden waren, erfolgte auch in späteren Jahren mehrfach und hat auch, ähnlich wie in England, ein wenig die geographische Zersplitterung der Eigenbetriebe verursacht. Bei der Beurteilung dieser örtlichen Verteilung der Betriebe muß man freilich beachten, daß die Großeinkaufsgesellschaft bei der Auswahl des Standortes ihrer Eigenproduktion einmal die Frachtverhältnisse und andererseits das Vorhandensein geeigneter Arbeiter berücksichtigen muß. Durch die Übernahme der Produktivgenossenschaften ist sie zuweilen dazu gekommen, Betriebe mit ungünstigem Standort, wie die rheinisch-westfälische Holzindustrie in Dortmund oder Betriebe in unzureichenden, viel zu kleinen Räumen zu übernehmen.

Die Großeinkaufsgesellschaft beschäftigte vor dem Kriege 500 Handlungsgehilfen, 200 Lagerarbeiter, 1000 Tabakarbeiter und 300 Fabrikarbeiter. Ihre Finanzlage ist schwieriger zu beurteilen als die eines

Vereines, weil sie Waren- und Bankgeschäft betreibt und nur eine Gesamtbilanz veröffentlicht. Für das Jahr 1913 ergibt sich ungefähr folgendes Bild:

Aktiva:	Mill. Mark	Passiva:	Mill. Mark
Kasse, Effekten, Guthaben	10,0	Eigenkapital:	
Darlehen an Vereine	2,9	Geschäftsanteile	3,1
Hypotheken [1]	14,0	Reserven	6,6
Kontokorrentguthaben	1,7		9,7
	28,6	Fremde Gelder:	
Warenbestände	7,3	Bankeinlagen	25,2
Grundstücke	7,4	Kreditoren i. Kontokorrent	8,8
Inventar	0,7	Hypotheken	3,3
	15,4		37,3
		Warenschulden	6,3
Außenstände	11,9	Kaution, Avale usw.	4,1
Kaution, Avale usw.	3,4	Überschuß	1,9
	59,3		59,3

Aus dieser Übersicht geht hervor, daß die Großeinkaufsgesellschaft die Reserven außerordentlich gepflegt hat. Bei 3,1 Millionen Mark eingezahltem Geschäftskapital verfügte sie über 6,6 Millionen Mark Reserven. Die Liquidität der Bankanlagen ist auch ohne die Warenbestände gewahrt. Bedenklich sind in dieser Aufstellung nur die Außenstände, die einem Ziel von vier Wochen entsprechen. Der Umschlag des Kapitals läßt sich nicht berechnen, da man keinerlei Maßstab hat, wie stark am Gesamtumsatz das Kommissionsgeschäft beteiligt ist.

Im Kriege hat die Großeinkaufsgesellschaft unter der Ausschaltung durch die Kriegswirtschaft sehr stark gelitten. Sie mußte heftige Kämpfe führen, um den Anteil an der Warenverteilung zu erhalten, der nach der der Großeinkaufsgesellschaft außerordentlich ungünstigen Konstruktion der Verteilung (Bezirkszentralen) möglich war. Alle diese Schwierigkeiten, die sich zum Teil einige Jahre nach dem Kriege fortgesetzt haben — Zucker —, hat sie allmählich wieder überwunden, und sie konnte Handel und Eigenproduktion stark ausdehnen.

[1] Der hohe Hypothekenstand erklärt sich daraus, daß die Großeinkaufsgesellschaft als Zentralgeldinstitut der Bewegung die Verpflichtung hatte, den Vereinen für ihre Zentralen Hypothekengelder zur Verfügung zu stellen.

Sie handelt gegenwärtig nicht nur mit Lebensmitteln aller Art. Sie versorgt die Konsumvereine, die nach dem Kriege in großem Maße dazu übergegangen sind, Haus- und Küchengeräte zu führen, hiermit und liefert ihnen auch Maschinen aller Art für ihren eigenen Bedarf; für Textilien und Schuhwaren hat sie seit langem in Sachsen eine eigene Zentrale errichtet. An Veredelungsbetrieben betreibt sie Kaffeerösterei in Hamburg, Gröba und Mannheim; Gewürzmühle und Weinkellerei in Hamburg, Mostrichfabrikation in Gröba. Schließlich hat sie in diesen drei Lagern auch für Kaffee, Tee und zum Teil Kakao und Gewürz umfangreiche Abpackereien.

Im Mittelpunkt der Eigenproduktion steht die Seife mit 129 Millionen Mark Umsatz und 380 Personen Personal.

Daneben betreibt die G.E.G. in Gröba, Düsseldorf, Hamburg und an anderen Orten eine Reihe weiterer Fabriken. Vom Gesamtumsatz entfielen 1922 auf die Eigenproduktion 10%, davon wurde die Hälfte in den Seifenfabriken erreicht. Einen ungefähren Überblick über die Eigenproduktion geben die folgenden Ziffern des Jahres 1922:

Tabak: Zigarren: 3 Fabriken mit 544 Personen, 26 484 Mille Umsatz.
Kautabak: 48 Personen, 122 994 Pfund Umsatz.
Zigaretten: 63 Personen 35 582 Mille Umsatz.
Rauchtabak: 2 Fabriken mit 66 Personen, 715 464 Pfund Umsatz.

Seife: 2 Fabriken mit 380 Personen, 12,6 Millionen Kilogramm Umsatz.

Teigwaren: 118 Personen, 3,7 Millionen Kilogramm Umsatz.

Zündhölzer: 1 Fabrik (eine zweite ist im Bau) 39 Personen, 2,9 Millionen Pack Umsatz.

Kistenfabrik: 100 Personen, 155 000 Kisten Umsatz.

Mostrichfabrik: 15 Personen, 500 000 kg Umsatz.

Bürstenfabrik: 98 Personen, 1 Million Stück Umsatz.

Zucker- und Schokoladewaren: 34 Personen, 596 000 kg Umsatz.

Möbelfabrik: 108 Personen, Umsatz zu: 45% an Konsumvereine, 34% Großeinkaufsgesellschaftsbetriebe; 42% Kontormöbel, 35% Ladeneinrichtungen, 10% Wohnungsmöbel.

Fischmarinaden und Räucherwaren: 120 Personen, 2 Millionen Pfund.

Weberei und Konfektionsfabriken: 146 Personen im Betrieb, 42 Heimarbeiter, 90 Webstühle und 89 Nähmaschinen.

Hergestellt werden: Inlett, Bettzeug, Handtücher, Flanell, Barchent, Laken sowie Hemden und Schürzen. Ferner ist die Großeinkaufsgesellschaft mit neun Zehntel am Sächsischen Bekleidungswerk (einer in einen gemischtwirtschaftlichen Betrieb umgewandelten früheren Militärwerkstatt) beteiligt. Die Erfahrungen auf dem Gebiete der Eigenproduktion von Textilwaren sind außerordentlich günstig. Es scheint hier eine sehr lebhafte Entwicklung zu erwarten zu sein, sobald die Kaufkraft der Massen wieder steigt.

Einen bedeutsamen neuen Betrieb hat die Großeinkaufsgesellschaft Januar 1923 in Hamburg eingerichtet: eine Wurstfabrik und Speckräucherei, die wöchentlich 400 Schweine verarbeiten kann. Angegliedert ist eine Talgabfüllerei, in der der von der Großeinkaufsgesellschaft aus dem Ausland bezogene Rindertalg in Pfundpakete umgefüllt wird.

Vertriebsorganisationen.

Die Zentrale des gesamten Betriebes befindet sich in Hamburg, nur für Textilien, Schuhwaren und Haushaltungsartikel ist die Zentrale mit dem Hauptlager in Chemnitz vereinigt, so daß in Hamburg nur das für diese Geschäftszweige zuständige Direktionsmitglied die Fühlung zwischen Spezialbetrieb und Gesamtbetrieb aufrechterhält. Provinziale Lager, von denen aus die umliegenden Konsumvereine sofort bedient werden können, bestehen in Hamburg, Erfurt, Gröba, Berlin, Breslau, Düsseldorf, Mannheim, Nürnberg, Ludwigsburg, Pillau. Die Lager sind zum Teil erst in den letzten Jahren entstanden, so Pillau und Ludwigsburg im Jahre 1921, während andere, wie Sachsen und Berlin, schon lange vor dem Kriege bestanden haben. Entsprechend den Lagern ist das Deutsche Reich in Bezirke eingeteilt; in jedem ist ein Lagerverwalter und ein Reisender tätig. Neben diesen Reisenden der geographischen Vertriebsorganisationen unterhalten die großen Handelsabteilungen Spezialreisende. Aufgabe der Reisenden ist, in erster Linie Fühlungnahme mit den Konsumvereinen ihres Bezirkes und Besuch der Einkaufstage, bei denen ein erheblicher Teil des Lebensmittelgeschäfts vor sich geht. Für Manufakturwaren usw. werden zuweilen Spezialeinkaufstage veranstaltet. Daneben besuchen die Reisenden die Vereine in größeren Zwischenräumen, um die lokalen Bedürfnisse kennenzulernen und engere Verbindung zu halten. Zu dem gleichen Zwecke nehmen die Reisenden an sämtlichen konsumgenossenschaftlichen Veranstaltungen der Bezirke teil. Die Spezialreisenden haben darüber hinaus viel stärker als die allgemeinen Reisevertreter die Aufgabe, auch Aufträge einzubringen, während das Lebensmittelgeschäft in normalen Zeiten nur wenig auf Reisende und sehr stark auf den automatischen Betrieb gestellt war, der durch die fast von Gründung an in verschiedener Form regelmäßig herausgegebenen Warenpreislisten, die allen Abnehmern mehrmals in der Woche zugingen, sehr erleichtert wurde. Die Konsumvereine beziehen noch immer, wie in früheren Zeiten im ganzen gerechnet, ungefähr ein Drittel ihres Gesamtumsatzes, zum Verkaufspreis gerechnet, von der Großeinkaufsgesellschaft. Doch sind die Umsätze nach Revisionsverbänden außerordentlich verschieden.

In den großen Vereinen schwanken die Umsätze mit der Großeinkaufsgesellschaft zwischen 9 und 80%. 30—40% sind außerordentlich stark vertreten, doch ist die Zahl der Vereine mit abweichendem Prozentsatz außerordentlich groß. Diese Umsatzziffern sind verschieden, je nach dem Charakter des Vereins; die „Produktion" kann beispielsweise das Vieh für ihre Schlachtereien nicht durch die Großeinkaufsgesellschaft beziehen, aber sie sind auch nach den Frachtverhältnissen, nach der Lage des Vereins, Leistungsfähigkeit der Grossisten am Orte, Art des Geschäftsführers usw. verschieden. Irgendein Abhängigkeitsverhältnis der Geschäftsführung von der Großeinkaufsgesellschaft, das nicht gerade aus stärkerer finanzieller Abhängigkeit und daraus sich ergebendem Einfluß hervorgeht, existiert nicht. Die Großeinkaufsgesellschaft muß vielmehr regelmäßig mit den privaten Lieferanten konkurrieren, und die großen Konsumvereine sind vielfach recht kritische und unbequeme Abnehmer, auf die Mahnungen, die genossenschaftliche Treue zu wahren, nicht den geringsten Eindruck machen.

Die Einkaufsvereinigungen.

In der Geschichte des gemeinsamen Einkaufs kehren zwei Grundideen immer wieder: zentralisierter Großeinkauf für das Reich oder Teile des Reiches und bezirksweiser gemeinsamer Einkauf durch die Engrosabteilung eines großen Konsumvereins oder anderer bezirksweiser Zusammenschluß. Dieser bezirkliche Zusammenschluß führte zu Börsentagen, die in den achtziger Jahren eine gewisse Rolle spielten; Käufer und Verkäufer kamen zusammen. Die Käufer konnten hier bequem die Angebote miteinander vergleichen und mit ihren Kollegen Erfahrungen und Meinungen austauschen. Der Kauf erfolgte in dieser Zeit wohl meist von Provinzgrossisten. Erst viel später bildete sich ein wirklicher gemeinsamer Bezug heraus, der durch die Vereinigung größerer Aufträge an sich Ersparnisse brachte und außerdem die Möglichkeit gab, für eine Reihe benachbarter Vereine Sammelladungen kommen zu lassen und so den Unterschied zwischen Stückgut und Waggonfracht zugunsten der Vereine auszunutzen. Diese Einkaufsvereinigungen, in denen ursprünglich hier und da noch darüber debattiert wurde, ob man die Großeinkaufsgesellschaft zulassen und ihr eine bevorrechtigte Stellung geben könne, entwickelten sich allmählich zu Organen dieser Großeinkaufsgesellschaft. Im Jahre 1900 stellte sie ihren damaligen Aufsichtsratsvorsitzenden, den damaligen Geschäftsführer des Harburger Konsumvereins, Max Hoppe, einen verdienten und bedeutsamen sächsischen Genossenschaftler, der bei der Gründung wesentliche Geburtshelferdienste geleistet hatte, als ersten Reisevertreter an. Bald sah man die Notwendigkeit ein, daß auch die Großeinkaufsgesellschaft, wenn sie vorwärtskommen wollte, auf Reisende und Bearbeitung der Vereine durch diese nicht verzichten könnte; es wurden allmählich mehr Reisende eingestellt. Vor dem Kriege war die allgemeine Praxis der Einkaufsvereinigungen, daß man im Vierteljahr zwei- bis dreimal zusammenkam. Der zuständige Reisevertreter und häufig auch der zuständige Lagerverwalter der Großeinkaufsgesellschaft waren anwesend; in der Rheinisch-Westfälischen Einkaufsvereinigung mit ihren bedeutenden Vereinen, die besonders große Quanten abschlossen, dafür aber auch besondere Konzessionen bei der Preisgestaltung verlangten, erschien auf dem Einkaufstage in der Regel auch ein Geschäftsführer der Großeinkaufsgesellschaft. Der Reisevertreter gab einen Bericht über die Marktlage, über die sämtliche Anwesenden überdies durch den zweimal in der Woche erscheinenden Warenbericht der Großeinkaufsgesellschaft informiert waren, und nahm die Bestellungen der Geschäftsführer auf. Jeder Geschäftsführer, der zur Einkaufsvereinigung fuhr, wußte, was er brauchte, und war sich auch schon ungefähr darüber klar, ob er es bei der Großeinkaufsgesellschaft oder bei irgendeiner Konkurrenz kaufen wollte. Der gemeinsame Einkauf hatte den Zweck, einmal die Meinung über die zu erwartende Marktentwicklung zu klären und das Quantum zu bestimmen und andererseits die Sammelladungen zusammenzustellen.

Ein solcher Einkaufstag ist keineswegs ein einfaches und glattes Aufnehmen der Bestellungen durch die Vereine. Eine Kritik der einzelnen Geschäftsführer kommt hier zunächst einmal hervor und insbesondere werden die Vergleiche der Preise mit den Preisen der Konkurrenz rücksichtslos vorgenommen und dem Vertreter im Augenblick, wo die Großeinkaufsgesellschaft einmal nicht ganz auf der Höhe ist, Vorwürfe über mangelnde Leistungsfähigkeit gemacht. Diese Vertreter besuchen, soweit es ihre Zeit erlaubt, auch einzelne Konsumvereine, vor allem sind sie jedoch bei allen genossenschaftlichen Veranstaltungen in ihrem Bezirk zugegen und halten so die Fühlung mit der Bewegung aufrecht.

Die Leitung liegt in den Händen eines fünfköpfigen Direktoriums, dessen sämtliche Mitglieder aus der Bewegung hervorgegangen sind. Sie waren sämtlich in der Leitung größerer Vereine tätig und sind zum Teil direkt aus ihren Vereinen in die Geschäftsführung berufen worden, zum Teil waren sie inzwischen als Fabrikdirektoren und Abteilungsleiter der Großeinkaufsgesellschaft tätig.

Beschäftigt wurden Ende 1922 3333 Personen, davon 1309 in der Zentrale und den Lagern, die anderen in den Fabriken.

Die Großeinkaufsgesellschaft hat sich sehr zeitig eine B a n k a b t e i l u n g zugelegt, einmal, um eine Zentralstelle für den Kapitalausgleich unter den Konsumvereinen zu schaffen, und andererseits, um mit Hilfe der Kapitalüberschüsse der einzelnen Vereine ihre eigenen Mittel zu stärken. Diese Bankabteilung war auch die gegebene Zentrale zur Herstellung der Liquidität der genossenschaftlichen Sparkassen. Gegen diese Verbindung von Geld- und Warengeschäft sprachen die bekannten Bedenken, die auch in der Bewegung gewürdigt wurden. Man hat daher bald ins Auge gefaßt, die Bankabteilung als ein eigenes selbständiges Bankinstitut neben die Großeinkaufsgesellschaft zu stellen. Krieg und Nachkriegswirkungen haben diese Gründung verzögert. Doch scheint die Trennung des Bankgeschäftes vom Warengeschäft gesichert, sobald die Finanzen der Konsumgenossenschaftsbewegung wieder leidlich in Ordnung sind.

Die Großeinkaufszentrale Deutscher Konsumvereine.

Nachdem die anfangs des Jahrhunderts errichtete Einkaufszentrale der christlichen Gewerkschaftskonsumvereine, die von vornherein lebensunfähig war, eingegangen war, mußte die nun entstehende wirkliche Konsumvereinsbewegung sich zunächst ohne zentralisierten Einkauf behelfen. Im Jahre 1906 wurde dann in der 1897 gegründeten Bezugskommission der rheinischen landwirtschaftlichen Genossenschaften eine Lebensmittelabteilung errichtet, die für etwa zwei Dutzend Konsumvereine den Einkauf zu besorgen hatte. Ihr Umsatz im Jahre 1906 belief sich nur auf 87 000 Mark, im Jahre 1912 wurde dann der gemeinsame Einkauf von der Bezugskommission gelöst und die Großeinkaufszentrale in Mülheim gegründet, die Vorräte und Personal der Lebensmittelabteilung übernahm. Ihr Umsatz betrug 1913 9,7 Millionen Mark, 1920 106 Millionen Mark; auch sie stellt eine kleine Nachbildung der Großeinkaufsgesellschaft dar. Sie hat sich nach der Revolution eine Verkaufsorganisation geschaffen, Reisevertreter eingestellt, hat Einkaufsvereinigungen errichtet wie die Hamburger Großeinkaufsgesellschaft, hat provinziale Zweiglager errichtet, und im Jahre 1919 auch bereits eine Abteilung für die Textilwaren in ihrer Zweigstelle in Nürnberg eingerichtet, sowie im Dezember 1920 eine Abteilung für Haushaltsartikel. Im Oktober 1923 ist sie in eine Aktiengesellschaft umgewandelt worden.

VI. Gewerkschaften und Konsumvereine.

1. Allgemeines.

Vor 1900 sind die Beziehungen zwischen Gewerkschaften und Konsumvereinen ohne irgendwelche Bedeutung. Die der Leitung des Allgemeinen Verbandes innerlich nahestehenden Vereine unterhielten keinerlei Beziehungen zu den Gewerkschaften, lehnten sie im allgemeinen wohl ab und suchten nach Möglichkeit zu verhüten, daß ihr Personal sich gewerkschaftlich organisierte. In Sachsen, dem damals höchstentwickelten Konsumvereinsland, bestand zwischen Konsumvereinen, Gewerkschaften und Partei vielfach ziemlich weitgehende Personalunion; besonders in kleineren Orten war es für die Bewegung von gewisser Bedeutung, daß der Lagerhalter des Konsumvereins gegen Maßregelung geschützt war, weil man sich auf andere Weise die Freistellung einer Person, als Arbeitersekretär oder dergleichen, nicht leisten konnte, irgendwelche prinzipielle Klarstellung des Verhältnisses von Konsumvereins- und Arbeiterbewegung erfolgte nicht. In der Gründungszeit um die Jahrhundertwende wurde dies vielfach anders. Die neuen Genossenschafter, im allgemeinen gewerkschaftlich organisierte Arbeiter, hatten an sich den Gewerkschaften gegenüber eine andere Haltung, und die Gewerkschaften ihrerseits standen auch teilweise zu den Konsumvereinen anders als bisher. Eine so großzügige Schöpfung mit Hilfe der Gewerkschaften, wie die Hamburger „Produktion" erfolgte zwar in keiner zweiten Stadt, aber in einer Reihe von Fällen waren doch die Gewerkschaftskartelle an der Gründung von Konsumvereinen beteiligt. Im allgemeinen wird man freilich auch noch für diese Zeit sagen müssen, daß diese Gründer nicht nur gewerkschaftlich organisierte Arbeiter, sondern auch tätige Gewerkschaftsmitglieder waren, daß aber die führenden Gewerkschafter am Ort sich meist kaum beteiligten und daß die gewerkschaftliche Organisation als solche sich ebenfalls wenig einsetzte, ja den Konsumvereinen zum Teil wohl mit einem gewissen Mißtrauen gegenüberstand, so daß sich das Gesamturteil über die allgemeinen Beziehungen zwischen den Genossenschaften und Gewerkschaften in den einzelnen Orten etwa so zusammenfassen läßt: Die starke Konsumvereinsbewegung nach 1900 baut durchaus auf der organisatorischen Schulung der Arbeiterschaft durch die Gewerkschaften auf, ohne daß in starkem Maße eine Verbindung zwischen Konsumvereinen und örtlicher Gewerkschaftsbewegung gegeben ist.

Zwischen den Zentralen der beiden Bewegungen kam es trotz sehr zeitiger Fühlungnahme erst relativ spät zu einem klaren Verhältnis, und man hat vielleicht Grund, zu bezweifeln, ob die endgültige Klärung heute bereits erfolgt ist. Die Vorgänge bei der Gründung der Gewerkschaftsbank und bei den Verhandlungen über die Feuerversicherung für die Arbeiterschaft lassen eine gewisse kritische Vorsicht in dieser Beziehung angebracht erscheinen. Bei der Gründung des Zentralverbandes Deutscher Konsumvereine war es für jeden unbefangenen Beobachter klar, daß die Konsumvereinsbewegung im wesentlichen von der gleichen Schicht getragen wurde wie die Gewerkschaftsbewegung, wenn sie auch eine recht erhebliche Anzahl kaufender Mitglieder aus anderen Bevölkerungskreisen zählte und aus Rücksicht auf die Umfassung eines möglichst großen Personenkreises in der Dokumentierung ihrer Stellung zur Arbeiterbewegung recht vorsichtig war. Man mußte an sich eine sehr rasche Verständigung über die Unterstützung der Konsumvereine durch die Gewerkschaften nach Hamburger Muster und über das Entgegenkommen der Konsumvereine an die Gewerkschaften erwarten, doch die Entwicklung verlief ganz anders. Der Zentralverband Deutscher Konsumvereine wurde im Jahre 1903 gegründet, und erst im Jahre 1911 kam ein allgemeines Übereinkommen mit den Gewerkschaften zustande.

Geschichte des Übereinkommens zwischen Generalkommission der Gewerkschaften und Zentralverband Deutscher Konsumvereine.

Auf dem Gewerkschaftskongreß 1899 ging man über den Antrag einer Gewerkschaftsversammlung, die Macht der Arbeiter als Konsumenten zu behandeln, zur Tagesordnung über, obwohl die Gründung der „Produktion" damals schon genug Staub aufgewirbelt hatte und ausreichende Veranlassung bildete, sich mit der Stellung der Gewerkschaften zu den Genossenschaften zu befassen. Auf der Gründungsversammlung des Zentralverbandes Deutscher Konsumvereine war nur ein Vertreter des Transportarbeiterverbandes anwesend. Im folgenden Jahre (1904) waren jedoch schon alle beteiligten Gewerkschaften vertreten, und im Jahre 1905 bildete das Verhältnis von Gewerkschaften und Genossenschaften den sechsten Punkt der Tagesordnung des Kölner Gewerkschaftskongresses. Das Referat war Adolf von Elm übertragen. Auf dem Kongreß waren ein Vertreter des Zentralverbandes der Konsumvereine und ein Vertreter der Großeinkaufsgesellschaft anwesend. Man hatte sich zu gemeinsamer Arbeit gefunden. Die Technik dieses gemeinsamen Arbeitens war aber noch außerordentlich unentwickelt. Elms Rede war in ihren prinzipiellen Teilen sehr kurz gehalten, da er auf Ausführungen in den „Sozialistischen Monatsheften" verwies, und in der Diskussion kamen viel weniger die allgemeinen Beziehungen zwischen Gewerkschaften und Genossenschaften zur Erörterung als die Regelung der Lohn- und Arbeitsverhältnisse in den Konsumvereinen und ihren Zentralorganisationen. Die Interessenten beherrschten das Feld, und der Vertreter des Handlungsgehilfenverbandes sagte sogar sehr deutlich, es handele sich für sie nur um die gewerkschaftlichen Interessen. Da das Verhältnis der Konsumvereine zu den Gewerkschaften, die die Konsumvereinsarbeiter und Angestellten umfaßten, sich in den wenigen vorhergehenden Jahren, nachdem es jahrelang vernachlässigt war, nicht hatte vollständig einspielen können, stand die Diskussion im Zeichen einer gewissen Gereiztheit auf seiten der Gewerkschafter, während Heinrich Kaufmann als Vertreter der Konsumvereine recht verbindlich sprach. Die von Elm eingebrachte Resolution betonte in ihrem prinzipiellen Teil, daß die Konsumvereine die Förderung durch die Gewerkschaften im Interesse des Proletariats verdienen, wünschte erstens Stärkung des Eigenproduktion in den Konsumvereinen und ein freundschaftliches gegenseitiges Verhältnis. Dazu war in der ursprünglichen Resolution gewünscht, daß die Genossenschaften die gewerkschaftlichen

Arbeitsnachweise in erster Linie berücksichtigen. Zweitens wurde eine Berücksichtigung der Tarifverträge empfohlen. Diese Formel hatte Adolf von Elm, der zu gleicher Zeit gewerkschaftlicher und genossenschaftlicher Praktiker war, auf Grund seiner Erfahrungen vorsichtigerweise folgendermaßen formuliert:

„Der Kongreß hält es deshalb im Interesse der Genossenschaften für geboten, ... gewerkschaftliche Tarife und Forderungen allgemeinen Charakters, welche nicht nur an die Genossenschaften gerichtet sind und für welche die betreffende Gewerkschaft die Garantie übernimmt, dieselben auch für einen größeren Teil der in anderen als genossenschaftlichen Betrieben arbeitenden Berufsangehörigen in kürzester Frist durchzusetzen, ohne weiteres anzuerkennen."

Auf Veranlassung des Transportarbeiterverbandes wurde diese vorsichtige Formel grob und einfach durch den Satz ersetzt: „. . . die gewerkschaftlichen Tarife und Forderungen allgemeinen Charakters anzuerkennen."

Diese Fassung war sehr primitiv, aber sie ist verständlich, wenn man bedenkt, daß die Transportarbeiterorganisation damals noch relativ jung war. Für einen Konsumgenossenschafter, der in einer Konsumgenossenschaft an verantwortlicher Stelle gestanden hatte und wußte, wie die Konsumgenossenschaften von den Gewerkschaften vielfach bei Lohnforderungen behandelt wurden, war sie völlig unannehmbar.

Drittens wurden die Genossenschaften ersucht, Gefängnisarbeit und zu Hungerlöhnen hergestellte Fabrikate vom Vertrieb auszuschließen und Produktivgenossenschaften, die zur Wahrung gewerkschaftlicher Interessen im Einverständnis mit ihrer Berufsorganisation gegründet waren, zu unterstützen; viertens wurden sie ersucht, dort, wo Tarifverträge bestehen, nur tariftreue Firmen heranzuziehen, und fünftens von Gewerkschaften verhängte Boykotts zu beachten. Schließlich wurde Gewerkschaften und Genossenschaften zur Schlichtung örtlicher Differenzen die Einrichtung von Schiedsgerichten empfohlen.

Eine wesentliche Veränderung hatte die Resolution nur durch den oben gekennzeichneten Absatz über die gewerkschaftlichen Forderungen erhalten. Diese waren allerdings so stark, daß Adolf von Elm gegen seine eigene, so veränderte Resolution stimmte.

Auf dem Genossenschaftstag in Stuttgart, der im gleichen Jahre stattfand, waren die Generalkommission und die beteiligten Gewerkschaften, außer den Transportarbeitern, vertreten.

Umbreit hielt hier eine außerordentlich verständnisvolle Rede, in der er den schlechten Eindruck, den der Interessentenkrakehl in Köln gemacht hatte, nach Möglichkeit milderte. Die Kölner Beschlüsse wurden zur Kenntnis genommen; doch erklärte man sie, wie dies auch schon in Köln geschehen war, für Wünsche der Gewerkschaften, die man zum großen Teil akzeptieren könne, die aber die Genossenschaften nicht binden. Dieser Standpunkt war durchaus richtig, und es wäre vielleicht am Platze gewesen, bereits vor Köln derartige Vereinbarungen zu treffen und nicht den Einzelärger in die Öffentlichkeit tragen zu lassen. Doch nun versagte der Zentralverband Deutscher Konsumvereine, der wohl auch aus taktischen Gründen kein erhebliches Interesse daran hatte, zu einer allgemeinen Vereinbarung mit den Gewerkschaften zu kommen; denn bei dem Verhältnis von Gewerkschaften und Partei war das für die politische Neutralität nicht ganz unbeachtlich, und es war auch für das Verhältnis zu den christlichen Gewerkschaften, die gerade in der stark aufblühenden rheinisch-westfälischen Genossenschaftsbewegung beachtet werden mußten, nicht ohne Bedeutung. Die Initiative lag daher in der folgenden Zeit bei der Generalkommission, die Verhandlungen einleiten wollte. Bei der Korrespondenz ergab sich jedoch, daß der Zentralverband Deutscher Konsumvereine zunächst die Tarifverträge mit den beteiligten Gewerkschaften für wichtiger hielt.

Diese Tarifverträge beherrschten nun die Vorstellungswelt der Konsumgenossenschafter so stark, daß im Jahre 1907 auf dem Düsseldorfer Genossenschaftstag folgende Resolution gegen die „übermäßigen Forderungen" der Gewerkschaften angenommen wurde, obwohl Umbreit dagegen sprach:

„Genossenschaftliche Lohn- und Arbeitstarife können nicht auf solchen Prinzipien aufgebaut werden, deren Durchführung bei den konkurrierenden Privatbetrieben noch in weiter Ferne liegt.

Im eigenen Interesse müssen die Genossenschaften das Streben ihrer Arbeiter und Angestellten zwecks Erreichung solcher sozialwirtschaftlichen Ziele nach Kräften unterstützen und bemüht sein, aus eigener, freier Entschließung die aufgestellten prinzipiellen Forderungen in den genossenschaftlichen Betrieben mehr und mehr zu verwirklichen.

Der Genossenschaftstag muß es jedoch ablehnen, schon heute solche Forderungen zu realisieren, welche weit über das hinausgehen, was die Gewerkschaften bei den privaten Unternehmern verlangen und durchzusetzen vermögen, und durch welche unter den gegebenen Verhältnissen eine große Anzahl genossenschaftlicher Betriebe konkurrenzunfähig gemacht und damit ihnen sowie zugleich auch den von ihnen beschäftigten Personen die Existenzmöglichkeit geraubt würde."

Diese Diskussion, die ebensoviel Staub in der Öffentlichkeit aufwirbelte wie seinerzeit die andere auf dem Kölner Gewerkschaftskongreß, bildete auch insofern ein Pendant zu der Kölner Diskussion, als auch hier der Einzelstreit im Vordergrunde des Interesses stand und Umbreits Ausführungen gegen die Resolution ganz verloren gingen. Im allgemeinen ist hierzu zu sagen, daß sie taktisch falsch war, weil sie nur das Negative betonte und jeder positive Teil fehlte. Der Düsseldorfer Kongreß und die Annahme hatten eine lebhafte Fehde im „Korrespondenzblatt" zur Folge. Die Gewerkschafter sahen in der Resolution den Ausdruck des typischen Unternehmerstandpunktes; die Genossenschafter betonten, es sei nur eine Notwehr gegen die übertriebenen Forderungen. Man verlange von ihnen Dinge, an die man bei der Konkurrenz noch lange nicht denke, und das sei für die Genossenschaften wirtschaftlich nicht tragbar. So war zum allgemeinen Gewerkschaftskongreß von 1908 noch keine allgemeine Vereinbarung zwischen den beiden Organisationen getroffen worden, sondern nur eine ergänzende Erklärung zu der Düsseldorfer Resolution, die auch das Positive entsprechend hervorhob.

Auch diese Erklärung war wieder auf Iniative der Generalkommission zustande gekommen. Über ihre Entstehung berichtete Legien sehr ruhig und sachlich, wie überhaupt die Zentralinstanzen in der ganzen Angelegenheit stets bemüht waren, jede Schärfe zu vermeiden. Aber ohne Zwischenfälle sollte es auch jetzt noch nicht abgehen. Die Genossenschaften ergänzten die Resolution noch mit einem, wie Elm sagte (Jahrbuch 1908, I, S. 376), „belanglosen Zusatz", der aber auf dem Gewerkschaftskongreß recht heftige Protesterklärungen auslöste. Die Resolution betonte, daß die Konsumvereine auf dem Standpunkt stehen, in der Ausgestaltung der Lohn- und Arbeitsverhältnisse ihrer Angestellten vorbildlich sein zu müssen, daß sie bereit sind, allgemeine Tarifverträge abzuschließen und daß die Düsseldorfer Resolution nicht so aufzufassen sei, daß in den Konsumvereinen nur das eingeführt werden könnte, was bereits im großen Teil der Privatbetriebe eingeführt sei. Schließlich empfahl die Resolution, soweit allgemeine noch nicht möglich wären, örtliche Tarifverträge, allerdings mit der Einschränkung: „wenn die bezüglichen örtlichen Tarifverträge nicht wesentlich über das hinausgehen, was für die Konsumvereine durch die allgemeinen Tarifverträge abgeschlossen wird". Aus der etwaigen Ablehnung weitergehender Forderungen könne den Konsumvereinen kein Vorwurf gemacht werden. Diese Einschränkung war vom Standpunkt der Genossenschaften aus zu verstehen und auch nicht sonderlich erheblich. Die beteiligten Gewerkschaften waren jedoch über diesen eigenmächtigen Zusatz in letzter Minute voller Entrüstung, ohne den Gewerkschaftskongreß beeinflussen zu können; denn Legien, Umbreit und Sachse beurteilten die ganze Angelegenheit sehr großzügig und stellten die Überzeugung in den Vordergrund, daß die Genossenschaften im allgemeinen Arbeiterinteresse gefördert werden müßten. Entgegen Anträgen aus den Reihen der Interessenten wurde die tatkräftige Unterstützung der Genossenschaften beschlossen, während über diesen Zusatz weiter verhandelt werden sollte.

Zwei Jahre später, auf dem Genossenschaftstag in München (1910), konnten dann endlich die allgemeinen Vereinbarungen vorgelegt werden, die einstimmige Annahme fanden. Im Jahre 1911 stimmte auch der Gewerkschaftskongreß zu. Diese Vereinbarung umfaßt sechs Punkte:

1. Die Heimarbeit wird bei Nahrungs- und Genußmitteln prinzipiell ausgeschlossen. Im übrigen wollen die Genossenschaften Abhilfe von Mißständen von Fall zu Fall erwägen.
2. Für Gefängnisarbeit wird ein gemeinsamer Boykott von Gewerkschaft und Genossenschaft proklamiert, weil diese auf unterbezahlter Arbeit beruht.
3. Es wird den Genossenschaften empfohlen, die Firmen zu berücksichtigen, die die Gewerkschaften und die Tarifverträge zwischen Gewerkschaften und Arbeitgebern anerkennen.
4. Die Gewerkschaften verpflichten sich zur Propaganda für die Konsumvereine.
5. Alle über den örtlichen Bedarf hinausgehende Eigenproduktion ist Sache der Großeinkaufsgesellschaft und anderer Zentralgenossenschaften. Mit Produktivgenossenschaften dürfen die Konsumvereine nur arbeiten, wenn diese mit Zustimmung von Zentralverband Deutscher Konsumvereine, Großeinkaufsgesellschaft und Vorstand der betreffenden Gewerkschaft gegründet worden sind.
6. Bei gewerkschaftlichen Boykotts gegen Konsumvereinslieferanten müssen sich die Gewerkschaften vorher mit der Groß-

einkaufsgesellschaft und dem Zentralverband ins Benehmen setzen. Der Boykott darf erst vergängt werden, wenn ein Vermittlungsversuch des Zentralverbandes aussichtslos war.

In dieser Vereinbarung bedürfen nur die beiden letzten Punkte einer Erläuterung. Der Passus über die Produktivgenossenschaften war nötig, weil seit Jahrzehnten gerade dann, wenn die Verhältnisse am ungünstigsten waren, von Arbeitslosen Produktivgenossenschaften gegründet wurden, die ihre aus Kapitalmangel, Unkenntnis usw. hervorgehende mangelnde Leistungsfähigkeit durch Appell an das Klassenbewußtsein der Konsumgenossenschaften auszugleichen strebten. Diese Genossenschaften bildeten wegen ihrer in der Regel unzulänglichen Kapitalien und Produktionsmittel eine Schädigung der allgemeinen Bewegung und diskreditierten durch ihre Unzulänglichkeit auch die Gewerkschaftsbewegung. Es lag daher im Interesse beider, derartige Gründungen nach Möglichkeit einzuschränken.

Die Boykottregelung war nötig, weil gerade die Boykotts zu außerordentlichen Reibungen Anlaß gegeben hatten. Unzählige Male wurden die Konsumvereine angegriffen, weil irgendein Lieferant, von dessen Produktion sie einen verschwindend kleinen Teil bezogen und auf den sie infolgedessen nicht den geringsten Einfluß hatten, mit gewerkschaftlichen Mitteln nicht bezwungen werden konnte. Dann wurde der Boykott verhängt, und die Konsumvereine mußten zuschauen, was sie mit der Ware, die sie gerade auf Lager hatten (bei Markenartikeln wichtig), anfangen konnten. Auf jeden Fall wurden in solchen Fällen die Konsumvereine durch Geschrei und Angriffe geschädigt, ohne daß die Gewerkschaften einen Nutzen davon hatten.

Zur Geschichte dieser Vereinbarung von 1911 kann man im ganzen sagen, daß die Generalkommission die Angelegenheit großzügig und verständnisvoll behandelt hat, während die interessierten Gewerkschaften die Sache etwas gar zu sehr unter ihrem Gesichtspunkt gesehen haben. Der Zentralverband Deutscher Konsumvereine hat in der Angelegenheit etwas mehr Zurückhaltung geübt, als sich mit einer raschen und allgemein befriedigenden Regelung vertrug.

Die Tarifverträge.

Wichtiger als das allgemeine Abkommen waren die Tarifverträge zwischen dem Zentralverband Deutscher Konsumvereine und den Gewerkschaften, in denen die Konsumvereinsarbeiter organisiert waren. Der

Zentralverband Deutscher Konsumvereine ist im Jahre 1903 gegründet worden, also zu Beginn der großen Tarifvertragsentwicklung in Deutschland. Für allgemeine Verträge kamen nur drei Gruppen in Frage: die Bäcker, die Transportarbeiter und die Handlungsgehilfen mit der Untergruppe der Lagerhalter. Diese drei Gruppen hatten recht verschiedene Organisationsverhältnisse und standen infolgedessen auch dem Tarifvertragsgedanken sehr verschieden gegenüber. Die Bäcker litten unter der Lehrlingszüchterei, der Abwanderung der älteren Arbeiter und unter dem Umstand, daß in den kleinen Bäckereien die Organisation nur schlecht Fuß fassen konnten. Für sie waren die Konsumvereine d i e modernen Großbetriebe und ihr Personal wichtig als Kern des Verbandes. Der Transportarbeiterverband besteht zwar fast ausschließlich aus ungelernten oder angelernten Leuten, aber sie sind doch nicht ohne weiteres ersetzbar. Andererseits sind die Kontrahenten des Verbandes vielfach größere Betriebe in Handel und Spedition, keine Riesenbetriebe mit deren Herrenstandpunkt, aber doch groß genug, um angemessen zahlen zu können. So war dieser Verband bei weitem nicht so stark auf die Konsumvereine angewiesen als der Bäckerverband und konnte auf Grund von Teilerfolgen in Großstädten schon ganz andere Forderungen stellen. Die Handlungsgehilfen waren vor dem Kriege eine außerordentlich schwache Organisation. (Es handelt sich hier nur um den der Generalkommission angeschlossenen Zentralverband der Handlungsgehilfen.) Die Lagerhalter, die bis 1912 eine eigene Organisation hatten und sich dann mit dem Zentralverband der Handlungsgehilfen verschmolzen, stellten eine Organisation von Konsumvereinsangestellten dar. Beide zeichneten sich durch besonders energisches Vorgehen gegen die Konsumvereinsleitung und den Zentralverband aus.

Das Tarifamt.

Obwohl das Tarifamt logisch eine Folge der Tarifverträge ist, sei es hier vorweg behandelt. Auf dem zweiten Verbandstag des Zentralverbandes Deutscher Konsumvereine (1904) wurde einstimmig die Einsetzung von Schiedsgerichten für die Regelung der Streitigkeiten mit den Lagerhaltern beschlossen. Im Jahre 1906 wurde dann einstimmig das Tarifamt eingerichtet mit der Aufgabe, die Tarife zu überwachen, die Ortszuschläge festzusetzen, Tarife auszulegen, als Berufungsinstanz für örtliche Schiedsgerichte zu fungieren und die Parteien bei Neuabschluß von Tarifverträgen zu beraten. 1909 wurde die Einrichtung des Tarifamtes grundsätzlich von den Tarifverträgen getrennt. Diese wurden auf fünf Jahre abgeschlossen. Für so lange Zeit wollte man aber das Tarifamt nicht in seiner Organisation festlegen; infolgedessen beruht es von nun an auf einem Sondervertrag. 1913 wurde dann die Möglichkeit geschaffen, auch andere als die allgemeinen Bäcker- und Transportarbeiterverträge der Rechtsprechung des Tarifamtes zu unterstellen. Die Zusammensetzung war im ganzen dieselbe, wenn auch die Zahl der Beisitzer allmählich erhöht wurde, gleiche Zahl Beisitzer aus den beteiligten Gewerkschaften der Bäcker, Transportarbeiter und den Genossenschaften, dazu ein Vertreter des Zentralverbandes und ein Vertreter der Generalkommission, beide ursprünglich mit beratender, dann mit beschließender Stimme. Der Wunsch nach einem unparteiischen Vorsitzenden ist nur im ersten Jahre einmal geäußert worden, dann waren die Beteiligten mit dieser Regelung sehr zufrieden.

Die Tarifverträge im einzelnen.

Es kann nicht Aufgabe dieser Arbeit sein, die Tarifentwicklung in den deutschen Konsumvereinen und die Entwicklung der Lohn- und Arbeitsverhältnisse in ihnen im einzelnen zu schildern, um so weniger, als die gesamte deutsche Lohnentwicklung in den letzten Jahren in ganz andere Bahnen als einst gelenkt und andererseits das Urteil für eine Lohnentwicklung, die zehn Jahre zurückliegt, durch die Geldentwertung außerordentlich getrübt ist. Es soll hier nur die Entwicklung in großen Zügen dargelegt werden. Der konstituierende Genossenschaftstag im Jahre 1903 befaßte sich bereits mit dem Wunsch des Transportarbeiterverbandes auf Abschluß eines Tarifvertrages und beauftragte den Vorstand mit den Vorarbeiten. 1904 hielt Heinrich Kaufmann ein großes Referat über das genossenschaftliche Arbeitsverhältnis, das davon ausging, die Konsumgenossenschaft sei eine Fortsetzung der kapitalistischen Wirtschaft, daher könne auch das genossenschaftliche Arbeitsverhältnis nichts weiter sein als eine Fortbildung der höchsten Form des privaten Arbeitsverhältnisses, nämlich des kollektiven Arbeitsvertrages. Für diese kollektiven Arbeitsverträge stellte er folgende Richtlinien auf:

1. Sie müssen nach einheitlichen Gesichtspunkten abgeschlossen werden.
2. Sie dürfen die Leistungsfähigkeit der Konsumvereine nicht schwächen. Dabei ist zu beachten, daß die Intensivität der Arbeit mit der Verbesserung der Arbeitsbedingungen nur allmählich

steigt. Deshalb können die Konsumvereine nicht sonderlich über die Leistungen der Privatwirtschaft hinausgehen.

3. Die Gewerkschaften müssen dafür ihrerseits den Konsumvereinen die Schmutzkonkurrenz vom Halse halten.

Am einfachsten lagen die Dinge für die Bäcker, etwas minder einfach für die Transportarbeiter, am schwierigsten für die Lagerhalter und das Verkaufs- und Kontorpersonal.

Für die Bäcker wurde bereits auf dieser zweiten Tagung des Zentralverbandes in einer Sonderverhandlung, die zwei Tage währte, und in der von seiten der Konsumvereine mancherlei Kleinlichkeiten vorgebracht wurden, ein allgemeiner Tarifvertrag auf drei Jahre abgeschlossen, der mit zentraler Lohnregelung arbeitete und Ortszulagen entsprechend der Klassifizierung der Orte nach dem Buchdruckertarif vorsah. Der Bäckerverband erkannte bei den Verhandlungen an, daß die Arbeitsverhältnisse in den Konsumvereinen „im allgemeinen mustergültig" wären und war mit dem Vertrag, der im wesentlichen das Bestehende in einen festen Rahmen brachte und keine erheblichen Lohnerhöhungen ergab, zufrieden.

Schwieriger waren die Verhandlungen mit den Transportarbeitern. Deren Forderungen wurden allgemein abgelehnt und beschlossen, dem Verbandsvorstand aufzugeben, einen neuen Vertrag mit den Transportarbeitern auf der Grundlage des Bäckertarifes vorzubereiten. Dieser Beschluß führte nicht zu neuen Verhandlungen, wohl aber zu außerordentlich starken örtlichen Reibungen, so daß er im folgenden Jahre aufgehoben wurde und im nächsten Jahre 1906 auf Grund einer allgemeinen Erhebung über die Lohn- und Arbeitsverhältnisse in den Konsumgenossenschaften ein neuer Tarifentwurf vorgelegt werden konnte, der einstimmige Annahme fand. Da durch diesen Vertragsabschluß die Bäcker etwas ins Hintertreffen geraten waren, kündigten sie ihren Tarif. Die Annahme des neuen Vertrages ging nicht glatt vonstatten, da die Bestimmungen über die Backmeister und über die Benutzung des Arbeitsnachweises von den Genossenschaften geändert wurden, so daß die Vertreter des Bäckerverbandes ihrerseits den Vertragsabschluß ablehnten. Es kam dann nachträglich eine Verständigung zustande, die ein Provisorium für ein Jahr schuf, das 1908 von dem Genossenschaftstag um ein weiteres Jahr verlängert wurde. 1909 wurden beide Tarife auf fünf Jahre neu abgeschlossen mit einer Anpassung der Bestimmungen über Arbeitszeit und Löhne an die veränderten Verhältnisse. Die Debatte drehte sich im wesentlichen um zwei Dinge, einmal die Rücksichtnahme auf die Leistungsfähigkeit der einzelnen Vereine und dann um den Arbeitsnachweis. Während die Meinungsverschiedenheiten über die Lohnhöhe und die Lohnmöglichkeiten in genossenschaftlichen Betrieben sich zwischen den Gewerkschaftern und den Genossenschaftspraktikern immer wieder ergeben müssen, handelte es sich bei dem Streit um den Arbeitsnachweis um prinzipielle Differenzen, bei denen die Genossenschafter durchaus nicht einig waren. Die beteiligten Gewerkschaften stellten sich sämtlich auf den Standpunkt, daß die Einstellung von Arbeitskräften im Konsumverein durch ihren Arbeitsnachweis erfolgen und ihr Arbeitsnachweis dabei die Führung haben müsse; sie wollten nur zugestehen, daß in Ausnahmefällen Gemaßregelte aus anderen Berufen und alte Vereinsmitglieder mit ihrer Zustimmung untergebracht werden könnten. Ein Teil der Genossenschafter verlangte Freiheit in der Besetzung der Stellen und prinzipielle Möglichkeit, die eigenen Mitglieder einzustellen.

Auf der anderen Seite wurde von vielen Genossenschaftern hervorgehoben, daß die Pöstchenverteilung im Verein nur zu Reibungen führt und daß es im Interesse der Vereine selbst liegt, sich an einen außenstehenden objektiven Arbeitsnachweis zu wenden, der ihnen tüchtige Kräfte zuweist. Das ist natürlich die Voraussetzung für sie gewesen, daß tatsächlich dem gut zahlenden Konsumverein auch nur gutes Menschenmaterial zugewiesen wird. Die beiden Verträge wurden schließlich gegen acht Stimmen angenommen.

Im Jahre 1914 wurden die Tarifverträge mit einer Lohnerhöhung von 11—13% auf weitere fünf Jahre abgeschlossen. Das Inkrafttreten dieser neuen Verträge fiel mit dem Kriegsausbruch zusammen, woraus sich mancherlei Schwierigkeiten ergaben, so daß man zunächst vielfach für eine Übergangszeit noch die alten Löhne weiterzahlte; doch bald stellte sich die Notwendigkeit heraus, über den abgeschlossenen Vertrag hinaus Teuerungszulagen zu gewähren, für die eine allgemeine Regelung jedoch erst im Herbst 1916 zustande kam, und erst 1918 wurde dem Tarifamt die Festsetzung der Höhe dieser Teuerungszulagen übertragen. Als 1919 die Verträge wieder abgelaufen waren, bestand für ihre Erneuerung auf der Seite der Konsumvereine keinerlei Neigung. Einmal erklärte man, man habe in diesen Reichsverträgen für die Konsumvereine immer nur ein Übergangsstadium gesehen, das Ziel wäre stets gewesen, auch für die Bäcker und Transportarbeiter den Anschluß an die allgemeine Vertragsentwicklung, insbesondere an Reichstarifverträge, die für das ganze Gewerbe galten, zu finden, wie die im Zentralverband beschäftigten Buchdrucker stets dem Reichstarifvertrag für das Buchdruckgewerbe unterstanden; andererseits hatten die Konsumvereine unter den wilden Lohnbewegungen, die nach der Revolution einsetzten, recht stark zu leiden, so daß man zu zentraler Lohnbewegung keine Neigung mehr hatte, da sie doch dauernd durch örtliche Lohnregelung durchkreuzt wurde. Dementsprechend wurden im Jahre 1919 und 1920 vom Genossenschaftstag Beschlüsse angenommen, die das Aufhören der Reichstarifverträge bedeuteten. Die Folge davon war natürlich örtliches und bezirksweises Vorgehen der Arbeiter und schließlich der Abschluß von Bezirkstarifen, für die das Tarifamt auch wieder als oberste Instanz eingesetzt wurde. Dieses erhielt dann 1921 vom Genossenschaftstag den einstimmigen Auftrag, einen neuen Rahmenvertrag durch Zusammenlegung der inzwischen abgeschlossenen Bezirksverträge abzuschließen. Diese neuen Reichsverträge sind nach recht erheblichen Schwierigkeiten schließlich auch Ende 1922 zustande gekommen, nachdem die Vorschläge der Konsumvereine zunächst einmal abgelehnt worden waren.

Im ganzen kann man zu der Tarifentwicklung in den Konsumvereinen sagen, daß sie sehr zeitig eingeleitet wurde, und daß die Verhandlungen im ganzen entgegenkommend geführt wurden. Gewisse Reibungen ergaben sich aus drei Gründen:

1. Im Arbeiterunternehmen stellen die Arbeiter im allgemeinen höhere Ansprüche, andererseits hatten die älteren Konsumvereine eine sehr schlechte sozialpolitische Tradition.
2. Das Jahrzehnt von 1900—1910, in dem die Tarifentwicklung stattfand, war für den größten Teil der deutschen Konsumvereine das Jahrzehnt des Wachstums und der Entwicklung. Nur wenige verfügten bereits über eine gefestigte alte Position. Es war daher für die Konsumvereinsbewegung nicht ganz leicht, allen Anforderungen gerecht zu werden.
3. Die Arbeitsnachweisfrage führte zum Streit zwischen Konsumvereinsleitung und zuständiger Gewerkschaftsleitung, aber auch zum Streit der Gewerkschaften untereinander. Die Frage, wer das Recht haben sollte, die in vieler Hinsicht besseren und gesicherten Stellen im Konsumverein zu vergeben, war nicht immer ganz leicht zu allgemeiner Zufriedenheit zu lösen.

Kaufmännisches Personal.

Von den drei Gruppen ergaben sich bei den Lagerhaltern die meisten Reibungen und die geringste Einigung, obwohl die älteste Organisation vorhanden war und auch die ältesten Vorarbeiten für eine Regelung. Die Gründe sind wohl

1. die spezifische Einstellung der Lagerhalterbewegung. Sie ist in Sachsen entstanden auf dem Boden des sächsischen politischen Radikalismus, und es ergab sich bereits daraus ein dauernder Gegensatz gegen Hamburg;
2. neben der Lohnregelung, die, wie bei den Verträgen mit den anderen Gruppen, von der Leistungsfähigkeit des Konsumvereins abhängt und diese Leistungsfähigkeit beeinflußt, spielte der Streit um das Manko eine besondere Rolle, und der war zum Teil für die Konsumvereine von größerer finanzieller Bedeutung als die Lohnfrage.

In der Öffentlichkeit spielten die Lohnverhältnisse der Lagerhalter besonders um 1900 eine Rolle. Doch waren das im wesentlichen die rückständigen Verhältnisse der kleineren sächsischen Vereine, die unter Dividendenseuche und Zersplitterung litten.

Der Lagerhalterverband wurde 1893/94 von sächsischen Lagerhaltern gegründet. Es kam im Jahre 1898 in der sogenannten Auerresolution zum ersten Male zu einer Art Tarifvertrag von Lagerhaltern und einer Kommission der Genossenschaften, in der alle führenden Genossenschafter des Vorwärts-Verbandes saßen. Es wurden Mindestforderungen für Arbeitszeit, Gehalt, Manko und sonstige Arbeitsbedingungen vereinbart und Schiedsgerichte für den Fall von Streitigkeiten empfohlen. Der zweite Genossenschaftstag 1905 knüpfte an diese Entwicklung an und empfahl in einer Resolution, die vorher mit den Lagerhaltern vereinbart war, verbindliche Schiedsgerichte. Bezirksweise wurde später, 1910 in Rheinland-Westfalen, 1911 in Sachsen, für die Bezirke von Unterverbänden zwischen Lagerhaltern und den Unterverbänden besondere Schiedsgerichtsordnungen beschlossen. Neben diesen Schiedsgerichten, die ziemlich viel Wirksamkeit entfalteten, aber wohl nicht allzu große Liebe bei den Beteiligten gefunden haben, sollte nun ein Normaldienstvertrag vereinbart werden. Die Verhandlungen hierüber liefen zunächst in den Jahren 1905 und 1906. Der Lagerhalterverband brach die Verhandlungen ab, weil die Gegenseite eine allgemeine Regelung verschiedener Punkte (Abends-, Mittags-, Sonntagsschluß, Gehaltsstaffel, Umsatzhöhe) ablehnte. Der Lagerhalterverband hatte stets die Zahl der dem Lagerhalter zu stellenden Hilfspersonen nach der Umsatzhöhe bemessen wollen, was die Konsumvereine angenommen hatten, im ganzen aber prinzipiell durchzuführen ablehnten, weil eine generelle Regelung nach ihrer Auffassung unmöglich war wegen der Verschiedenheiten des Betriebes bei zentralem Abfassen und Abfassen in den Verkaufsstellen. Es fanden im folgenden Jahre neue Besprechungen zwischen den Lagerhaltern und dem Zentralverband statt, in denen auch ein Normaldienstvertrag zwischen beiden Teilen vereinbart wurde, den aber die Lagerhaltergeneralversammlung ablehnte. In diesem Falle scheiterte die Einigung an der Frage des Überschreibens von Manko. Die Konsumvereine wollten nur die Übertragung eines Mankos von einem Viertelprozent des Umsatzes auf die nächste Geschäftsperiode bewilligen, während die Lagerhalter prinzipiell volle Überschreibung des Mankos, mindestens aber Überschreibung in Höhe von ½% des Umsatzes verlangten. Da beide Teile festgelegt waren, kam eine generelle Regelung trotz späterer Versuche, die Verhandlungen wieder aufzunehmen, nicht zustande. Die Lagerhalter haben infolgedessen versucht, bezirksweise Vereinbarungen zu treffen, was ihnen auch in einer Reihe von Fällen gelungen ist. Im großen und ganzen sind ihre Arbeitsverhältnisse jedoch einer allgemeinen Regelung entzogen geblieben. Im Zeichen dieser bezirklichen und örtlichen Regelung stehen die Vertragsverhältnisse des kaufmännischen Personals noch heute. Allerdings sind auch diese Tarife wie die anderer Gruppen, die nur örtliche Verträge haben, vielfach der Rechtsprechung des Tarifamtes unterstellt.

Bereits 1907 wurde die Unterstützungskasse des Zentralverbandes als gemeinsame Pensionskasse der gesamten Bewegung errichtet. Ursprünglich als freie Kasse ohne Rechtsanspruch gegründet, wurde sie 1913 der Aufsicht des Aufsichtsamtes für Privatversicherung unterstellt, nachdem die nötige Umorganisation vorgenommen war.

Die Betriebsräte begannen in der Konsumvereinsbewegung zunächst recht heftig mit einer Entthronung der Gewerkschaften und mit örtlicher Lohnpolitik, die in diesem Falle ja mit betrieblicher Lohnpolitik zusammenfiel. Dieses Stadium wurde jedoch bald überwunden, von Bedeutung für die Bewegung war es nicht, wohl aber der Versuch der Betriebsräte, der von den kommunistisch gesinnten Mitgliedern stark unterstützt wurde, ein statutenmäßiges Organ der Genossenschaft zu werden. Einige Versuche, die Statuten entsprechend zu ändern, scheiterten an dem Widerstand der Registerrichter, die sich an das Genossenschaftsgesetz hielten. Die Verbandsinstanzen stellten sich durchweg auf den Standpunkt, daß über das Betriebsrätegesetz hinaus den Betriebsräten in den Konsumvereinen keine Sonderrechte zu gewähren seinen. Im ganzen hat sich durch die Betriebsrätebewegung wohl nicht viel geändert, eine anerkannte Vertretung haben die Arbeiter in den Konsumvereinen stets besessen. Die Leitungen kommen, nachdem die Revolutionsreibungen überwunden sind, mit den Betriebsräten im großen und ganzen gut aus. In einigen Vereinen spielen die Betriebsräte eine größere Rolle, ohne daß jedoch wohl die Bedeutung der Mitbestimmung der Arbeiter- und Angestelltenschaft in diesen Vereinen erheblich über das hinausgeht, was sich schon früher in diesen Vereinen herausgebildet hatte, in denen die Lagerhalter und das Personal die Generalversammlungen beherrschten. Ansätze zu einem neuen spezifisch genossenschaftlichen Arbeitsverhältnis, das so bitter nötig ist, hat auch diese Bewegung den Konsumvereinen nicht gebracht.

April 1922 stimmte der Generalrat folgender Resolution zu:

„Vorstand, Ausschuß und Generalrat des Zentralverbandes Deutscher Konsumvereine empfehlen den Konsumvereinen, sich bezüglich der Entsendung von Betriebsratsmitgliedern in den Aufsichtsrat lediglich auf den Boden des Gesetzes zu stellen, wonach zwei Betriebsratsmitglieder zur Vertretung der ihnen im § 70 des Betriebsrätegesetzes zugewiesenen Obliegenheiten in den Aufsichtsrat zu entsenden sind. Jede Beteiligung von weiteren Betriebsratsmitgliedern an den Sitzungen und den Verwaltungsarbeiten ist ungesetzlich und würde zu schweren Komplikationen in der Verwaltungstätigkeit der Konsumvereine führen.

Alle etwa vor Inkrafttreten des Gesetzes zustande gekommenen Vereinbarungen über weitergehende Funktionen von Betriebsratsmitgliedern im Verwaltungskörper der Konsumvereine konnten nach Lage der Sache nur provisorischen Charakter haben und entbehren nach Inkrafttreten des Gesetzes jeder rechtlichen Grundlage.“

VII. Sozialdemokratie und Konsumgenossenschaften.

In den sechziger Jahren stand die entstehende sozialistische Arbeiterbewegung den Konsumvereinen unbedingt ablehnend gegenüber. Lassalle stützte sich dabei auf das eherne Lohngesetz. Die Eisenacher waren in der Theorie nicht ganz so zurückhaltend, die Genfer Resolution der Internationale von 1866 erkannte die Konsumvereine an, wenn sie auch der Auffassung war, daß diese die kapitalistische Produktionsweise nur an der Oberfläche berühren und daher den Produktivgenossenschaften eine weit größere Bedeutung beilegte. Im ganzen genügte für die deutsche Arbeiterbewegung der scharfe politische Gegensatz zwischen den freisinnigen Konsumvereinsfreunden und den Sozialisten, um sie zu einer Ablehnung der Konsumvereine kommen zu lassen. Es fehlte jede theoretische Brücke, jedes praktische Verständnis und merkwürdigerweise auch die Kenntnis der Entwicklung im Auslande. Vielleicht erklärt sich dies daraus, daß die deutschen politischen Flüchtlinge in London lebten, während die Konsumvereinsbewegung in dem industriellen Nordengland ihren Sitz hatte.

Auch die siebziger Jahre brachten keine Beziehungen zwischen den beiden Bewegungen, wenn auch einzelne Sozialdemokraten schon in Konsumvereinen arbeiteten. In den achtziger Jahren entstand zwar die Arbeiterkonsumvereinsbewegung in Sachsen und Mitteldeutschland, und die hier und da wachsende Bedeutung der sozialdemokratischen Arbeiter in Konsumvereinen führte auch im allgemeinen Verband bereits zu Erörterungen. Aber obwohl im Laufe dieses Jahrzehnts die Mitarbeit von Sozialdemokraten im allgemeinen Verband nach den Äußerungen der Anerkennung, die sie vielfach erhielten, schon eine gewisse Bedeutung gewonnen haben muß, brachte diese praktische Arbeit nicht die geringste neue geistige Einstellung. Die Verhandlungen des Parteitages von 1892 zeigen dies am deutlichsten. Die Konsumvereine wurden in dieser Verhandlung fast gar nicht erwähnt; man sprach nur über Produktivgenossenschaften, und sogar Auer meinte, die Konsumvereine seien durch Lassalle theoretisch erledigt.

Erst in den nächsten Jahren begann man in der sozialdemokratischen Partei langsam auf die Konsumvereinsbewegung aufmerksam zu werden. Man machte noch keine Propaganda für sie, man suchte noch keine theoretische Stellungnahme zu ihr; aber man nannte sie doch schon, und berichtete ab und zu über Tatsachen, so über die Unterstützung der Gewerkschaften durch die Konsumvereine beim Bergarbeiterstreik in England. Als Adele Gerhard ihre Broschüre über die Konsumgenossenschaften 1895 erscheinen ließ, fand sie damit in der Partei heftige Ablehnung. Der politische Klassenkampf brauche den ganzen Menschen, die Konsumvereine könnten nichts helfen, Ordnung im Arbeiterhaushalt sei unmöglich, der Arbeiter brauche den Kredit und das schließe Barzahlung bei den Konsumvereinen aus. Auch Lassalle wurde wieder angeführt. Jede Bedeutung der Konsumvereine für die Ausbildung leitender Kräfte für das Wirtschaftsleben wurde unbedingt geleugnet. Eduard Bernstein besprach die Broschüre in der „Neuen Zeit“ anerkennend, und obwohl er die ökonomische Bedeutung der Konsumvereine, die Bedeutung des wirtschaftlichen Rückhaltes, den sie der Arbeiterschaft gaben und ihre Bedeutung für die Ausbildung der Demokratie erkannte, meinte er doch, es sei wohl besser, die Partei bleibe bei der alten Zurückhaltung gegenüber dieser Bewegung. In den nächsten Jahren war die allgemeine Stellung der Sozialdemokratie zu den Konsumvereinen durch zwei spezifisch sächsische Vorgänge bestimmt. Das war der Kampf der sächsischen Mittelständler gegen die Konsumvereine, bei denen der angebliche sozialdemokratische Charakter der Genossenschaften sehr reichlich betont wurde und andererseits die Verwendung der nicht immer erfreulichen Vorfälle im Kampf zwischen sächsischen Lagerhaltern und ihren Vereinsverwaltungen im politischen Kampf gegen die Sozialdemokratie. Bei der starken Beeinflussung der Haltung dieser Partei durch taktische Rücksichten ist es verständlich, daß, obwohl die Sozialdemokratie sich natürlich für die Arbeiterorganisationen, denen man Unrecht tat, einsetzen mußte und sich auch entsprechend einsetzte, sie mit besonderer Energie gerade jetzt wieder hervorhob, daß es sich hier um private Einrichtungen handele, für die sie nicht verantwortlich wäre. Über die allgemeine Haltung der Sozialdemokratie gegenüber den Konsumvereinen in dieser Zeit kann man sagen, daß die Partei ohne irgendwelche größeren Gesichtspunkte, nur aus sehr kleinen taktischen Rücksichten heraus jede Förderung und Anerkennung der Konsumvereine, die etwa über die Wertschätzung der freien Hilfskassen hinausging, ablehnte.

Ein anderes Niveau erhielt diese Stellung der Sozialdemokratie zu den Konsumgenossenschaften erst durch Kautskys Broschüre „Konsumvereine und Arbeiterbewegung“, die im April 1897 herauskam. Kautsky wendet sich hier sowohl gegen die unbedingte Verherrlichung der Konsumgenossenschaften als gegen ihre unbedingte Ablehnung. Er stellt fest, daß sie nicht den Mehrwert, nicht die Marktproduktion beseitigen, daß sie sich eher gegen den Mittelstand als gegen den Kapitalisten richten. Darüber hinaus behauptet er, sie seien die Schule des Krämergeistes und leugnet ihre Bedeutung für die demokratische Selbstverwaltung. Er schließt zwar: „Früher oder später ist in jedem Lande die Genossenschaftsbewegung berufen, neben dem Kampf der Gewerkschaften um

Beeinflussung der Produktionsbedingungen, neben dem Kampf des Proletariats um die Macht in Gemeinde und Staat, neben dem Bestreben von Gemeinde und Staat nach Ausdehnung und Vermehrung der von ihnen beherrschten und verwalteten Produktionszweige, eine nicht unwichtige Rolle im Emanzipationskampf der Arbeiterklasse zu spielen." Aber eine Förderung der Konsumvereinsbewegung, die damals in Deutschland im Entstehen begriffen war, konnte die Broschüre nicht bedeuten; denn Kautsky lag die belgische Bewegung, deren Schwächen er nicht sah, wie all seinen Freunden viel mehr am Herzen als die neutrale englische, die für die Neuerer in Deutschland das Vorbild gab. War die Haltung der Sozialdemokratie gegenüber den Konsumvereinen bis dahin im wesentlichen Abwehr einiger warmer Konsumvereinsfreunde zum erheblichen Teil aus intellektuellen Schichten gewesen, so erhielt die Kampffront ein ganz anderes Aussehen, nachdem im Jahre 1899 die gewerkschaftlich organisierte Arbeiterschaft Hamburgs die Gründung eines Konsumvereins vornahm. Zunächst trat dieser Verein mit einer ganzen Reihe neuer Ideen auf den Plan. Schon die Firma besagte, daß man etwas ganz anderes wollte als die bisherigen Genossenschaften. „Konsum-Bau- und Sparverein" klang erheblich anders als die bisherigen Bezeichnungen und bedeutete durch die Hinzufügung von Bau- und Sparverein ein neues Programm. Noch klarer trat das Neue aber hervor in dem Namen, den sich die Genossenschaft gab: „Produktion". Hatten früher Vereine, wenn sie sich einen Namen zulegten, sich „Selbsthilfe" oder „Eintracht" genannt, so zeigt die Wahl des Wortes „Produktion" als Name des Vereins, daß man eben nicht ein bloßer Krämer sein wollte, sondern in der Produktion des genossenschaftlichen Bedarfes das Ziel erblickte. Dementsprechend versprach man auch von vornherein nicht hohe Dividende, sondern betonte im Gegenteil, daß man keine hohen Rückvergütungen auszahlen wollte, dafür vielmehr ein Sozialkapital schaffen. Daneben wurde ein Notfonds und ein Vorschußfonds für bedürftige Mitglieder geplant, Dinge, die für die Bewegung etwas ganz Neues darstellten. Mehr als die harmlosen Versuche der Genossenschaftsfreunde, die Arbeiterschaft zu gewinnen, erregten diese Pläne die sozialdemokratische Öffentlichkeit. Gewiß waren Statut und dessen Kommentar etwas schwungvoll und begeistert abgefaßt und versprachen in manchem gar zu viel, aber es war doch der erste große Versuch, bewußt eine Genossenschaft zu schaffen, die über den bisherigen Rahmen hinausreichte. Die Bemühungen der Revisionisten, Verständnis für die praktische Tagesarbeit auf wirtschaftlichem Gebiete zu schaffen, wurden hierdurch außerordentlich gestärkt; sie bekamen mit dieser Gründung aus dem Streben der Masse heraus einen besonders wirksamen Resonanzboden. Die Haltung der sozialdemokratischen Partei wurde durch diese Vorgänge nur wenig beeinflußt. Auf dem Parteitag in Hannover 1898 kam es in der ersten Revisionistendebatte auch zu einer Aussprache über die Konsumgenossenschaften. Diese litt zweifellos darunter, daß weite Parteikreise durch den Revisionismus nervös gemacht waren und die „alte bewährte Taktik" etwas blindlings verteidigten, ohne auf die Argumente der Gegenseite etwas einzugehen. Die Revisionisten verwiesen mit weiser Zurückhaltung darauf, daß die Arbeiterschaft in ihren täglichen Kämpfen Vorteile von dem wirtschaftlichen Rückhalt an den Konsumvereinen habe und daß diese eine gute Schule zum Sozialismus, wie es Katzenstein formulierte, seien. Die Gegenseite zeichnete sich nicht gerade durch Sachkenntnisse aus. Bebel rief beispielsweise, als David sich auf das Rochdaler Prinzip berief: „das sind Aktiengesellschaften", und Rosa Luxemburg begeisterte sich in der üblichen Weise für die belgischen Vereine. Wesentlich war in den Reden dieser Seite nur die völlige Preisgabe des Lassalleschen Standpunktes und die Anerkennung in Bebels Schlußwort, daß die Erfahrungen der Arbeiterschaft, ihre Schulung in den Konsumvereinen einen Vorteil für die Zukunft bildeten. Diese Anerkennung war insofern von gewisser Bedeutung, als Molkenbuhr gerade geleugnet hatte, daß die Genossenschaften ein geeignetes Mittel zur Erziehung der Arbeiterklasse zur selbständigen Leitung ihrer Angelegenheiten wären. Die Resolution verkündete Neutralität, sah in den Genossenschaften wie in jeder Organisation der Arbeiterklasse zur Wahrung und Förderung ihrer Interessen ein geeignetes Mittel zur Erziehung der Arbeiterklasse zur selbständigen Leitung ihrer Angelegenheiten, aber sie legten diesen Wirtschaftsgenossenschaften „keine entscheidende Bedeutung bei für die Befreiung der Arbeiterklasse aus den Fesseln der Lohnsklaverei", also etwas eingeschränkte Neutralität. In der Praxis verteidigte die Partei die Genossenschaften nach wie vor gegen alle behördlichen Schikanen, doch zeigten nur die Revisionisten Interesse für die Bewegung, während die Katastrophenpolitiker sie nach wie vor mehr oder minder ablehnten, und wenn sie sie fördern wollten, ihnen durch den Kampf für das berühmte belgische Beispiel eher Schaden als Nutzen zufügten. In den folgenden Jahren kämpften die Revisionisten mit großer Ausdauer und viel Geschick für eine bessere theoretische Würdigung der Genossenschaftsbewegung. Wieweit dieser Kampf Erfolg hatte und wieweit das außerordentliche Wachstum, das die Genossenschaftsbewegung in den nächsten Jahren zeigte, darauf zurückzuführen war, daß die durch die Gewerkschaftsbewegung gewonnenen Arbeitermassen, die ja nicht auf Katastrophenpolitik eingeschworen waren und durchaus auf dem Boden der Wirklichkeit für eine bessere Lebenshaltung kämpften, instinktiv diese Ergänzung ihres Kampfes um den Nominallohn durch eine Verbesserung ihres Reallohnes erstrebten, ist schwer zu entscheiden. Ich glaube jedoch, daß man ohne Bedenken sagen kann, der wesentliche Impuls für die Konsumgenossenschaftsbewegung in dieser Zeit sei das starke Wachstum der Gewerkschaftsbewegung gewesen. Die Zurückhaltung der Parteiinstanzen und der ihnen nahestehenden Kreise der Sozialdemokratie war vielleicht insofern ganz gut, als damit die Bahn für eine wirklich neutrale Bewegung freigemacht wurde.

Der Streit um die Neutralität begann Anfang des Jahrhunderts und währte bis zum Kriege. Die Vertreter der Neutralität erkannten zwar durchaus das Sozialistische in der Genossenschaftsbewegung, sahen aber auf der anderen Seite die Abhängigkeit ihres wirtschaftlichen Erfolges vom Zustrom der Massen und wollten daher alles vermeiden, was Nichtsozialisten und Nichtsozialdemokraten am Beitritt verhindern konnte. Die Gegner „Hamburgs" redeten auf Grund früherer sächsischer Verhältnisse etwas von der Wichtigkeit, Gemaßregelte in den Konsumvereinen unterzubringen, schwärmten ein wenig für das belgische Vorbild (innige Verbindung von Sozialdemokratie und Konsumvereinen mit finanzieller Unterstützung der Partei durch die Konsumvereine), ohne jedoch, aus Rücksicht auf das Genossenschaftsgesetz, eine Nachahmung zu fordern. Im wesentlichen stellte dieser Kampf um die Neutralität gar keinen Kampf um die Neutralität dar, sondern um die Art und Weise, wie diese aufrechterhalten wurde. Die Neutralität der Genossenschaften stand die ganze Zeit über unerschütterlich fest. Sie wurde nicht immer taktvoll und verbindlich betont. Das machte die Gegner der Hamburger Richtung, einen kleinen Kreis sächsischer Genossenschafter, nervös, die etwas mehr Verbindlichkeit gegenüber der Partei wünschten. Daneben spielt wohl die Angst gerade der sächsischen — stets radikalen — Sozialdemokraten mit, die parteipolitische Rechtgläubigkeit könnte durch die Art, wie die Neutralität der Konsumvereine betont wurde, Schaden nehmen. Praktisch war dieser ganze Kampf ohne Bedeutung. Er führte nur zu mancherlei Unfreundlichkeiten zwischen einigen sozialdemokratischen Parteiorganen und den Blättern des Zentralverbandes Deutscher Konsumvereine.

Einen Versuch zu einer theoretischen Würdigung machte die Sozialdemokratie erst im Jahre 1910. Sowohl auf dem internationalen Kongreß in Kopenhagen als auf dem Magdeburger Parteitag stand eine Resolution über das Verhältnis der Genossenschaftsbewegung zur Debatte. In Kopenhagen erkannte man die unmittelbaren materiellen Vorteile und die Möglichkeit, die Lebensweise der Arbeiterklasse durch die Konsumvereine zu verbessern, an und darüber hinaus, „daß die Konsumgenossenschaften die Arbeiter zur selbständigen Führung ihrer Angelegenheiten erziehen und dadurch die Demokratisierung und Sozialisierung der Produktion und des Austausches vorbereiten helfen." Infolgedessen sah der Kongreß in ihnen „eine wirksame Waffe des Klassenkampfes". In Magdeburg war man etwas zurückhaltender, man würdigte sie nur als ein wirksames Mittel zur Unterstützung im Klassenkampfe. Im ganzen wird man bei unbefangener Prüfung dieser Resolutionen sagen können, daß sie weder schadeten noch nützten. Die Konsumvereinsbewegung war inzwischen so stark geworden, daß ihr die Haltung der offiziellen Sozialdemokratie, die in dieser Zeit doch mehr oder minder stark durch die Verbeugung vor alten, innerlich überwundenen Formen bestimmt war, gleichgültig sein konnte, während eine freundliche Haltung in den Jahren um 1900, ohne auch damals von ausschlaggebender Bedeutung zu sein, doch mancherlei Schwierigkeiten hätte aus dem Wege räumen können.

Das Görlitzer Programm weiß über die Konsumvereine nur zu sagen: „Förderung der nicht auf Erzielung eines Gewinnes gerichteten Konsumgenossenschaften". Magerer konnte eine Berücksichtigung der Konsumgenossenschaften in einem neuen Parteiprogramm für eine neue Zeit wirklich nicht ausgedrückt werden!

VIII. Konsumvereine und öffentliche Meinung.

Stellung der Behörden zur Konsumvereinsbewegung.

Dieses Kapitel sollte ursprünglich den Titel „Kampf gegen die Konsumvereine" führen. Wenn auch die Revolution durchaus nicht zu einer Befriedigung der berechtigten Ansprüche der Vereine geführt hat, so haben sich mit ihr die Verhältnisse doch so erheblich geändert, daß es unnötig erscheint, das für dieses Kapitel gesammelte Material ausführlich wiederzugeben. Es mag hier ein kleiner historischer Rückblick genügen.

Die öffentliche Meinung hat ein außerordentlich kurzes Gedächtnis, und deshalb scheint es mir nützlich, Entwicklungsstufen, die überwunden sind, aber einen gewissen Einfluß auf die Gesamtverhältnisse gehabt haben, zu skizzieren.

Die Konkurrenz der Konsumvereine bekam zunächst der Kleinhandel zu spüren, der durch Übersetzung an sich schon in einer üblen Lage war. Es zeigte sich auch hier die typische Erscheinung: Eine nicht recht lebensfähige Schicht sieht nicht die tieferen Zusammenhänge, sondern sucht den Schuldigen und findet ihn in dem Nächsten, der vom üblichen abweicht. So entstand schon in den siebziger Jahren eine Hetze gegen die Konsumvereine; 1876 beispielsweise konnte in Ingolstadt keine Gründung stattfinden, denn niemand wagte als Gründer hervorzutreten aus Furcht, die Wohnung gekündigt zu bekommen. Zwei Jahre darauf wurde in München der Versuch gemacht, dem bekannten Genossenschafter Pröbst, der im Gemeindedienst stand, seine genossenschaftliche Tätigkeit zu untersagen. Der Antrag fiel jedoch in der Stadtverordnetenversammlung. Im nächsten Jahre sind die „Blätter für Genossenschaftswesen" entrüstet über die Angriffe auf die Konsumvereine und insbesondere auf die Tätigkeit von Beamten in den Konsumvereinen. Anfang der neunziger Jahre hagelte es wieder derartige Angriffe, und zwar kamen sie jetzt aus den eigenen Reihen. Einige Kreditgenossenschafter wandten sich mit besonderer Heftigkeit gegen die Konsumgenossenschaften. In der ganzen späteren Zeit stand der Kampf gegen die Konsumvereine neben dem gegen die Warenhäuser im Mittelpunkt aller Mittelstandspolitik. Der Personenkreis, der sie betrieb, war nicht groß, aber sehr rührig und vielfach organisiert, so daß immer eine Anzahl Verbände zu gleicher Zeit die Forderungen aufstellte. Auch hier seien nur ein paar Beispiele gegeben. Man verlangte Verbot der Eigenproduktion oder mindestens Verbot des Verkaufes von selbst hergestellten Produkten an Nichtmitglieder, daneben auch wieder Verbot des Verkaufes von selbst hergestellten Produkten in Läden, dann weitergehend Konzessionspflicht für Konsumvereine und Entscheidung der Bedürfnisfragen durch die Ortsbehörden. Etwas zurückhaltender forderte der München-Gladbacher Konsumvereinsspezialist Dr. Höfle, die Stadtverwaltungen sollten an das soziale Empfinden der Beamten appellieren, da bei Verbot der Mitgliedschaft in Konsumvereinen ein Erfolg zweifelhaft sei. Die Handelskammern wurden mit Umfragen und Gutachten dauernd in Bewegung gesetzt, und einige Handelskammersyndizi, die gerade an Kleinhändlerfragen besonders interessiert waren, haben mit Eingaben und Umfragen mehr Papier und Druckerschwärze verbraucht, als irgendwie zu rechtfertigen ist. Es scheint überflüssig, genauer zu prüfen, wieweit sich diese Kampfbewegung ausdehnte, denn ihre Erfolge waren im ganzen recht gering. Bei den Gemeindebehörden, insbesondere in Sachsen, fand man das meiste Verständnis für zielbewußte Mittelstandspolitik, und der Rat der Stadt Dresden hat sich sogar dazu verleiten lassen, sich mit einem Verbot der Konsumvereinszugehörigkeit in ganz Deutschland einen schlechten Namen zu machen. Ausgegangen ist die Sache wie das Hornberger Schießen. Als nämlich die vom Rat gesetzte Frist abgelaufen war, wußte man nicht, wie man die Kontrolle einrichten sollte, und beschloß zunächst, die Sache ruhen zu lassen; nach zwei weiteren Jahren (1907) hob man die Verfügung auch formell auf. Es war ein unerhörter Eingriff in die persönliche Freiheit der städtischen Beamten und Arbeiter, aber die praktische Bedeutung war nicht allzu groß, und im wesentlichen diente der Vorfall nur zur Stärkung der politischen Propaganda gegen die sächsischen Mittelstandskreise. Ähnliches wurde noch in anderen sächsischen Städten versucht; von Bedeutung war es wohl nirgends. Mehr Erfolge erzielte man beim Einzelangriff in einigen anderen Städten. So trieb man in kurzer Zeit in Stettin 2000 kaufkräftige Mittelstandsfamilien durch abschnittweise Veröffentlichung der Mitgliederlisten in den Zeitungen aus dem Konsumverein. Warenboykott wurde ab und zu versucht, hat vielleicht in den ersten Jahren eine gewisse Bedeutung gehabt, ist aber seit langem zum Kinderschreck herabgesunken. Über eine Gemeinde hinaus hatte man kaum starke Erfolge. Das Genossenschaftswesen, insbesondere für Handwerker und Landwirte, wurde in fast allen deutschen Einzelstaaten von Amts wegen gefördert. Daher konnte man nirgends daran denken, die Konsumvereine systematisch von Amts wegen zu bekämpfen. Man hätte sich damit lächerlich gemacht. Ein gewisses Bremsen fand hier und da statt wegen der führenden Tätigkeit höherer Beamter, doch hat dies die Bewegung kaum berührt.

Hatten die Mittelständler mit ihrem prinzipiellen Kampf gegen die Konsumvereine wenig Erfolg, so lohnte eine andere Methode sehr viel besser. Man beschwerte sich zunächst überall dort, wo Beamte im Aufsichtsrat saßen, darüber, daß diese mit Sozialdemokraten zusammenarbeiteten, und wenn man dann den Erfolg erzielt hatte, daß die Beamten, auf Veranlassung ihrer vorgesetzten Behörde aus dem Aufsichtsrat ausscheiden mußten, dann verlangte man, daß in dieser „rein sozialdemokratischen Veranstaltung“, in der ausschließlich Sozialdemokraten in der Leitung säßen, Beamte und Staatsarbeiter auch als Mitglieder unmöglich bleiben dürften. Diese Methode war insofern besonders erfolgreich, als die preußische Staatseisenbahnverwaltung vor dem Kriege vollständig beherrscht wurde von der Angst vor dem Generalstreik und der Sorge um Aufrechterhaltung der Disziplin im Eisenbahnbetrieb. Es war daher bei einigem Eifer leicht, die Eisenbahnbehörde zum Einschreiten gegen Beamte und Arbeiter zu veranlassen, die in einem dem Zentralverband angeschlossenen Konsumvereine Mitglied waren. Die Post machte etwas minder energisch im allgemeinen mit. Von einem systematischen Kampf ist in beiden Verwaltungen nie die Rede gewesen, vermutlich, weil die leitenden Stellen die Materie zu wenig beherrschten. Im ganzen scheint auf jede Denunziation braver Mittelständler die untere Eisenbahnbehörde, die auf den Kampf gegen die Sozialdemokratie eingestellt war, prompt reagiert zu haben. Die vorgesetzten Stellen deckten die lokalen Behörden bei Beschwerden aus Prinzip. Es lohnt sich gerade gegenwärtig, in den Jahrbüchern des Zentralverbandes Deutscher Konsumvereine die Antworten der Eisenbahndirektionen auf Beschwerden und Hinweise, daß der Zentralverband stets für die Neutralität der Konsumvereinsbewegung eingetreten sei, nachzulesen. Entweder, man „muß eine Angabe von Gründen aus grundsätzlichen Erwägungen ablehnen“ oder aber „nach der Auskunft der Ortspolizeibehörde steht der sozialdemokratische Charakter des Vereins fest“. Eine Eisenbahnbehörde konstatierte sogar einmal den „sozialen Charakter“ des Vereins. Sobald ein Sozialdemokrat im Aufsichtsrat saß, war jede Beschwerde aussichtslos. Versuche des Zentralverbandes Deutscher Konsumvereine, im Eisenbahnministerium eine Klärung herbeizuführen, schlugen fehl. Professor Ernst Francke, der um seine Vermittlung hierzu gebeten wurde, erklärte ein solches Beginnen bei der geistigen Struktur des Ministeriums von vornherein für völlig aussichtslos. In vielen Orten wurden auf diese Weise Hunderte von Mitgliedern aus den Konsumvereinen hinausgetrieben, aber gerade in den Fällen, wo die Säuberungsaktion besonders erfolgreich war, schlug sie rasch in ihr Gegenteil um. Die Beamten, die der Möglichkeit des Einkaufs in Konsumvereinen beraubt waren, gründeten vielfach eigene Beamtenkonsumvereine, so in Eisenach, wo die Mittelständler dann wieder vergebliche Versuche machten, beim Eisenbahnminister gegen diese Beamtenkonsumvereine Sturm zu laufen.

Die sonstigen Verwaltungsbehörden zeigten im allgemeinen — in Thüringen und Süddeutschland war es vielfach anders — keine Freundschaft für die Konsumvereinsbewegung, aber auch keine klare Feindschaft. Sie sympathisierten ein wenig mit der Mittelstandsbewegung, nahmen Rücksicht auf die konservativen Parlamentarier und deren Einfluß, führten aber auch keinen zielbewußten Kampf gegen die Konsumvereine. Im ganzen war wohl die Kenntnis der tatsächlichen Verhältnisse in den Verwaltungsbehörden viel zu gering, als daß man nach irgendeiner Richtung hin zu einer positiven Haltung kommen konnte. Konsumvereine waren eine merkwürdige Sache, von der man im Kolleg nichts gehört hatte, von der auch in den üblichen Handbüchern wenig stand. Die Preßnotizen, die man darüber las, waren zwar unfreundlich, aber ohne Sachkenntnis. Infolgedessen ging man meist den Entscheidungen aus dem Wege. Der eine Regierungspräsident dankte für die Einladung zum Unterverbandstage, der zweite antwortete nicht und der dritte schickte einen Assessor oder einen Regierungsrat, der unter Umständen auch ein paar freundliche Worte über die wichtigen Aufgaben sagte oder mit der Bitte erschien, unbegrüßt bleiben zu dürfen. Energisch wurde man nur, wenn der Kampf gegen die Sozialdemokratie einsetzte. Das Musterbeispiel wird wohl immer der verhinderte Bau der Seifenfabrik der Großeinkaufsgesellschaft in Aken bleiben. Wohl um die soziale Struktur des Wahlkreises nicht zu verändern und ihn dadurch für die Wahl zu sichern, kämpften dort sämtliche Behörden vereint mit äußerster Heftigkeit gegen die Errichtung der Seifenfabrik. Den Gipfel der Argumente stellten die Ausführungen des Postdirektors dar, der von der Errichtung der Seifenfabrik eine Gefährdung des Telephonverkehrs befürchtete. Wenn allerdings ein eifriger Sozialistentöter vorging, dann war der Fall ziemlich hoffnungslos und jede Beschwerde ohne Erfolg. Die Reichsbehörden hatten wenig Veranlassung, sich mit den Konsumvereinen zu beschäftigen und hielten sich daher sehr zurück. Sie machten den Kampf nicht mit. Typisch ist vielleicht die Geschichte der Volksfürsorge. Als Gewerkschaften und Genossenschaften die Gründung der Volksfürsorge fest beschlossen hatten, wurde durch Vermittlung eines bekannten Sozialpolitikers beim Aufsichtsamt für Privatversicherung sondiert, ob man sich über die Grundsätze nicht einmal privat unterhalten könne. Erfolglos. Nach einigen Wochen kam auf demselben Wege von der anderen Seite die Anregung zu einer Aussprache. Die Gründung ging dann auch sehr glatt vonstatten, und die Leitung der Volksfürsorge bedankte sich auch öffentlich besonders beim Aufsichtsamt für die Förderung des Unternehmens. Dann schlug aber der Wind wieder um, und der Präsident des Aufsichtsamtes übernahm im Auftrag des Reichsamtes des Innern die Gründung der Konkurrenzorganisation gegen die Volksfürsorge.

Der Krieg brachte eine große Wandlung. Die Schranken für die Mitgliederzugehörigkeit fielen sämtlich. Die Konsumvereine erfuhren damit zunächst einen recht erheblichen Mitgliederzuwachs. In zahlreichen Großstädten wurden die Geschäftsführer zur Mitarbeit in den städtischen Lebensmittelämtern herangezogen. Andererseits war der alte Zustand nicht beseitigt, daß, wenn einmal ein Fehler gemacht war, sich niemand fand, der ihn wieder gutmachen wollte. Soweit in den Großstädten insbesondere die Geschäftsführer, gestützt auf die sozialdemokratische Stadtverordnetenfraktion, eine Rolle in der Lebensmittelverteilung spielten, ging alles gut. Sobald aber ein mittelstandsfreundlicher Kommunalverband (Magistrat oder Landrat) nach guter alter Sitte den Konsumverein benachteiligte, brauchte man mindestens ein halbes Jahr, bis die Ungerechtigkeit abgestellt wurde. Dann mußte es aber ein ganz besonders krasser Fall gewesen sein. Es empfiehlt sich auch hier, in den Jahrbüchern des Zentralverbandes Deutscher Konsumvereine nachzulesen, was sich auf dem Gebiete alles zugetragen hat. Nach der Revolution sind hier noch Kämpfe geführt worden, bei denen die amtlichen Schriftstücke zwar in der Form erheblich verbindlicher waren als vor dem Kriege, bei denen in der Sache jedoch durchaus in derselben Weise gesündigt worden ist wie 10 oder 15 Jahre früher. Durch den Abbau der Bewirtschaftung sind diese Beschwerden zum Teil erledigt. Doch kann man im ganzen sagen, daß die Konsumvereine trotz außerordentlicher Besserung ihrer Lage gegen früher bei den Verhandlungen mit den Behörden noch recht viel Schwierigkeiten zu überwinden haben, wogegen auch die Mitgliedschaft des betreffenden Ministers in einer Genossenschaft nicht viel Schutz gebracht hat.

Die Parteien waren ähnlich unentschieden. Unbedingt für die Konsumvereine traten eigentlich nur die Sozialdemokraten und die kleine Gruppe um Theodor Barth ein. Für die anderen ist vielleicht ganz bezeichnend, daß Eugen Richters Abcbuch von sieben Auflagen nur in einer einen Eiertanz vornimmt: Regierung sucht Konsumvereine zu beschränken, aber sie hat nicht die Aufgabe, in den Konkurrenzkampf einzugreifen, und in den anderen Ausgaben sich über Konsumvereine ausschweigt. Aus Rücksicht auf die Mittelstandswähler mußte man ein bißchen unfreundlich sein, aus Rücksicht auf die festbesoldeten Wähler durfte man diese Unfreundlichkeit, soweit es sich nicht um einen Sozialdemokraten handelte, nicht zu weit treiben, insbesondere gilt das vom Zentrum, das immer den Ausgleich zwischen den Interessen der christlichen Arbeiter und der Handwerker und Kleinhändler suchen mußte. Daneben waren die Konsumvereine und die Ausbeutung in den Konsumvereinen eine Reihe von Jahren hindurch ein beliebtes Argument gegen die Sozialdemokratie.

Diese Entwicklung wird erst verständlich, wenn man sieht, wie wenig die öffentliche Meinung auf die Konsumvereinsbewegung einging. Klar und entschieden waren auch hier nur der Franckesche und der Theodor Barthsche Kreis. Sonst brachten die bürgerlichen Zeitungen etwas über die Konsumvereine bei Steuerkämpfen, brachten ein paar Angriffe aus einer mittelständlerischen Korrespondenz, fanden auch in politisch ruhigen Zeiten sehr anerkennende Worte, z. B. anläßlich der Ausstellung der Konsumvereine in Berlin 1912 und sahen sie unter vollständiger Nichtberücksichtigung der Vereine des Allgemeinen Verbandes als sozialdemokratische Organisationen an. Zwar hat die Gesellschaft für soziale Reform im Jahre 1903 und der evangelisch-soziale Kongreß im Jahre 1913 die Konsumvereine behandelt, doch dies wirkte nicht lange in der Presse nach. Die sozialdemokratische Presse druckte in verschiedenem Umfange die Korrespondenz des Zentralverbandes ab und brachte, von wenigen Ausnahmen abgesehen, kaum etwas Eigenes über die Vereine. Die Handelspresse schließlich nahm fast gar keine Kenntnis von ihnen. Allenfalls wurden in den späteren Jahren Geschäftsabschlüsse mitgeteilt, aber die ganze Bewegung, einschließlich Großeinkaufsgesellschaft, stand unbedingt außerhalb des Kreises, der in die Bilanzkritik eingezogen war.

Schlußwort.

Die Konsumgenossenschaften stehen im allgemeinen außerhalb der öffentlichen Kritik. Der ihnen günstig gesinnte Teil der Öffentlichkeit ist in viel stärkerem Maße, als für die Bewegung gut ist, darauf gestellt, sie als kaufmännische Schöpfung von Arbeitern zu bewundern; die gegnerischen Angriffe dagegen entbehren fast ausnahmslos der Sachkunde und des Willens zur Sachlichkeit und sind damit als Kritik der Bewegung wertlos. Diese Kritik haben die Vereine jedoch um ihrer gesunden Entwicklung willen nötig. Sie müssen sich Anerkennung erringen ohne jede Rücksicht auf die Stellung des Kritikers zu ihrer Ideenwelt und zu den Trägern ihrer Bewegung. Nur damit können sie ihre Aufgabe, die Gemeinwirtschaft vorzubereiten und für die Gemeinwirtschaft zu werben, erfüllen; denn sie sind d a s Experiment praktischer Gemeinwirtschaft. Es gilt also, kühl und sachlich zu prüfen, wieweit haben die deutschen Konsumvereine als diese Organe praktischer Gemeinwirtschaft etwas geleistet, wieweit sind bei ihnen die von den Befürwortern der freien Wirtschaft hervorgehobenen typischen Mängel öffentlicher Wirtschaftsführung in Erscheinung getreten.

Prüfen wir zunächst den Betriebsleiter im Konsumverein. Das Kernargument gegen die Gemeinwirtschaft ist im allgemeinen folgendes: Dem Leiter eines derartigen Betriebes fehlt das Eigeninteresse. Er entwickelt daher die typischen Eigenschaften des Beamten: Führung der Geschäfte im Stile der Tradition ohne Initiative und ohne Verantwortungsfreude. Diese Kritik der Gemeinwirtschaft ist nicht nur von ihren Gegnern, sondern sogar auch von ihren Anhängern aufgenommen worden, und nur unter dem Eindruck dieses Argumentes kann Wilbrandt zu seiner Befürwortung der Tantieme für die Leiter gekommen sein. Die Betrachtung der Konsumvereine zeigt jedoch, daß dieses Argument gegen ihre Fähigkeiten völlig abwegig ist. Wie bei zahlreichen nicht auf Erwerb gestellten Organisationen (Vereinen, Parteien, allen Bewegungen mit idealistischem Ziel, zu denen materielle Organisationsarbeit erforderlich ist) sehen wir in der Konsumgenossenschaftsbewegung eine Fülle von Initiative und ein starkes Ausbreitungsbedürfnis. Bei dieser Kritik der Gemeinwirtschaft hat man zwei Motive des Handelns völlig übersehen: die tragende Idee und das Betriebsinteresse. Der Leiter eines Konsumvereins, der lediglich bestrebt ist, einen guten Abschluß zu erzielen, wird zu allen Experimenten, zu allen neuen Plänen eine ganz andere Stellung einnehmen als ein Vereinsleiter, der auf Grund seiner gesamten sozialistischen Anschauung in der Bewegung tätig ist und es für seine Aufgabe hält, nicht einen guten Abschluß zu erzielen, sondern die Bewegung zu fördern. Das Wort des Generaldirektors des Lloyd: „Der Lloyd ist nicht dazu da, Dividenden zu erzielen, sondern um Schiffahrt zu treiben," zeigt, daß derartige Motive auch im privatkapitalistischen Betrieb eine große Rolle spielen können. Wieviel mehr in einer Bewegung, die sich als Teil des Emanzipationskampfes der Arbeiterschaft fühlt.

Neben diesen Gedankengängen, die sich aus dem allgemeinen geistigen Leben der Bewegung und ihrer Beamtenschaft ergeben, spielt das Betriebsinteresse eine außerordentliche wichtige Rolle. Die Abschnitte 6 und 7: Konsumverein und Gewerkschaften und Konsumverein und Sozialdemokratische Partei zeigen sehr deutlich, wie sich die Konsumvereine, obwohl sie im wesentlichen auf demselben Menschenmaterial wie die beiden anderen Bewegungen und auf deren organisatorischer Zusammenfassung und Ausbildung der Arbeiterschaft aufbauen, doch aus ihren Betriebsinteressen heraus zu zahlreichen Reibungen mit diesen Bewegungen gekommen sind. Wie sich ganz ähnlich dieselben Reibungen zwischen Sozialdemokratie und Gewerkschaften gezeigt haben. Dieses Betriebsinteresse bildet einen außerordentlich starken Beweggrund für die Bewegung. Es ist freilich nicht immer ungefährlich: es kann sich ein Gegensatz zwischen Betriebsinteresse und Mitgliederinteresse herausbilden, so wie in der Inflationszeit in Großbetrieben einzelne Abteilungen zuweilen gegen die Zentrale spekuliert haben, um günstiger abzuschließen.

Auf der anderen Seite zeigt gerade eine Betrachtung der Konsumvereinsentwicklung, daß es mit der Initiative des selbständigen Geschäftsinhabers häufig nicht sonderlich gut bestellt ist. Wir sahen in Rheinland-Westfalen und in Südwestdeutschland die Konkurrenz des Großbetriebes auftauchen, während andere, typische Industriegebiete davon frei waren. Mancher Genossenschaftler, der die Verhältnisse genau kannte, hat sich darüber gewundert, daß für die Ausbreitung von Massenfilialbetrieben gerade infolge organisatorischer Schwäche der betreffenden Konsumvereine glänzend geeignete Gebiete trotzdem davon völlig frei geblieben sind und im wesentlichen als Konkurrenz nur kleine Händler aufwiesen, die in keiner Weise als Repräsentanten privatwirtschaftlicher Energie angesprochen werden konnten. Wir sehen also, daß die Geschäftsleitung der Konsumvereine von zwei Seiten her auch ohne privates Erwerbsstreben und ohne Tantieme genügenden Anreiz zur geschäftlichen Beweglichkeit erhält, und es ist vielleicht gut für die Bewegung, daß für ihre leitenden Persönlichkeiten der Impuls von dorther kommt und nicht von der Bezahlung; denn Geschäftsführer, deren Beweglichkeit durch Tantieme aufgestachelt werden muß, sind für eine Genossenschaft im allgemeinen ungeeignet und führen sie leicht in privatkapitalistisch orientierter Weise; die Fabrikdirektoren und zum Teil auch die Abteilungsleiter der einzelnen Vereine in England sind mit ihrer mehr geschäftlichen als genossenschaftlichen Einstellung kein Vorteil für die englische Bewegung. Damit soll die Tantieme nicht unbedingt abgelehnt werden; sie kann unter Umständen ein Ausweg sein, ein angemessenes Gehalt zu sichern, das von den verantwortlichen Instanzen in dieser Höhe nicht fest bewilligt werden würde.

Wie diese Instanzen ihre Aufgabe erfüllen, ist eine andere Frage. Während in der Privatwirtschaft eine Trennung zwischen Unternehmer und Geschäftsführer nur in den Aktiengesellschaften vorhanden ist, besteht diese Trennung hier in der ganzen Bewegung. Wenn auch der Geschäftsführer durchweg der wirkliche Führer des Vereins in allen Angelegenheiten ist und, anders als in England, in einer Person den geschäftlichen Techniker und den Genossenschaftler vereinigt und damit einen erheblichen Teil der Unternehmerfunktionen wahrnimmt, so steht ihm doch bei allen Entschlüssen stets der Aufsichtsrat als der eigentliche Vertreter des Unternehmers, nämlich der Mitglieder, gegenüber Die wesentliche Funktion dieses Aufsichtsrates ist die Auswahl der Geschäftsführer; damit liegt ihm zum erheblichen Teil die Auslese in der Bewegung ob. Hier ergibt sich nun eine grundsätzliche Verschiedenheit gegenüber der Aktiengesellschaft. Die Aufsichtsräte und die maßgebenden Aktionäre in den Generalversammlungen (die das Verfügungsrecht über die großen Aktienpakete haben) stammen aus derselben Schicht wie die Direktoren, bekleiden in der Regel ähnliche Posten in anderen Betrieben oder kommen mindestens für einen derartigen Posten jederzeit in Frage. Der Aufsichtsrat der Konsumgenossenschaft dagegen besteht aus Arbeitern, kleinen Angestellten und Gewerkschaftsbeamten. Seine Mitglieder stehen in ganz andersartiger Berufsarbeit, und wenn auch eine Anzahl besonders tüchtiger Geschäftsführer aus den Aufsichtsräten hervorgegangen sind, so sind diese doch im ganzen den Geschäftsführern durchaus nicht gleichwertig und kommen bei einer eventuellen Anstellung im Verein in vielen Fällen nur als Lagerhalter oder für ähnliche untergeordnete Posten in Frage. Was ergibt sich aus dieser Verschiedenheit für die Konsumvereine? Rathenau hat in der Sozialisierungskommission vor den beiden Projekten der

Kohlesozialisierung mit der Begründung gewarnt, sie überantworteten die deutsche Kohlewirtschaft einer großen Stadtverordnetenversammlung; während in einer Aktiengesellschaft der Aufsichtsrat trotz aller verwandtschaftlichen und persönlichen Bindungen einen untüchtigen Leiter unbedingt ausscheide, ließen sich nach seinen Erfahrungen mit städtischen Elektrizitätswerken die Stadtverordneten jeden Mißerfolg harmlos erklären, wenn der betreffende Werksleiter es nur verstände, sie richtig zu behandeln. Was ergibt sich, wenn wir die konsumgenossenschaftliche Organisation unter diesem Gesichtspunkt ansehen? Der Aufsichtsrat des kleinen Vereinchens scheidet aus dieser Betrachtung aus. Er besteht zuweilen aus einfachen Arbeitern, die ihren Verein nur schlecht beurteilen können und sehr stark auf das Gutachten des Revisors und der Verbandsinstanzen angewiesen sind. Im größeren Verein dagegen herrscht eine gewisse Tradition; die Mitglieder gehören dem Aufsichtsrat viele Jahre hindurch an, und nur von Zeit zu Zeit ist eine wirkliche Ersatzwahl nötig, während im allgemeinen die alten Mitglieder bei Ablauf ihrer Wahlperiode glatt wiedergewählt werden. Die Mitglieder erleben die ganzen Geschäftsvorfälle mit und kennen ihren Verein sehr genau. Wenn sie auch nicht die Fähigkeiten zur Geschäftsleitung haben, so haben sie doch einen guten Einblick. Man muß im allgemeinen sagen, daß sie unfähige Leute aus persönlichen Gründen kaum gehalten haben. Es ist hie und da ein alter Geschäftsführer auf seinem Posten geblieben, auch wenn er ihn nicht mehr ganz ausfüllen konnte; es ist hie und da ein Geschäftsführer in dem größer werdenden Verein an leitender Stelle geblieben, der mit seinem Verein nicht gewachsen war, aber wo wirklich ein Einschreiten nötig war, hat es an Energie nicht gefehlt, und die mangelnde Erkenntnis wurde im allgemeinen dadurch ausgeglichen, daß die Aufsichtsräte von den Geschäftsführern benachbarter Vereine und der Leitung des Unterverbandes die nötigen Aufschlüsse bekamen. Der Erfahrungsaustausch innerhalb der Bewegung, der gegenüber dem privaten Handel dem Geschäftsführer einen außerordentlichen Vorsprung sichert, kommt auch hier dem Aufsichtsrat zugute. Etwas anders ist die Frage der Auslese zu beurteilen. Hier richtet man sich nach persönlichem Eindruck, bisherigen Leistungen, dem Urteil anderer Geschäftsführer; aber daß die Aufsichtsräte in der Mehrzahl der Fälle wirklich den Geeignetsten herausgefunden haben, darf wohl bezweifelt werden. Diesen Mangel teilen sie mit allen demokratischen Organisationen der Arbeiterschaft. Es findet im besten Falle eine zweckmäßige Auslese der Mitglieder von repräsentativen Körperschaften unterer Art statt, für die leitende Tätigkeit fehlt sie. Die Masse wählt nicht den besten Wirtschaftspolitiker, sondern den, der ihr sein wirtschaftspolitisches System am besten verständlich machen kann. Ähnlich muß der Aufsichtsrat eines Konsumvereins den wählen, dessen Persönlichkeit ihm am besten zusagt, und von dem er das Günstigste hört, da er nicht imstande ist, selbständig urteilen zu können.

Die englische Konsumvereinsbewegung hat in dieser Hinsicht noch weniger neue Methoden entwickelt als die deutsche. Gewiß spielt bei ihr die Mitgliederversammlung unter Umständen eine wichtigere Rolle als in Deutschland, insbesondere, wenn die Frauengilde oder andere Organisationen (Angestelltengewerkschaft) die Massen in Bewegung bringen. Gewiß hat der englische Ausschuß eine Stellung, die einer Kombination von Vorstand und Aufsichtsrat entspricht und damit größere Bedeutung als der deutsche Aufsichtsrat. Aber auch er repräsentiert durchaus das Dilettantenelement, eine Tatsache, die auch anerkannt wird. Er hat eine stärkere Stellung als der deutsche Aufsichtsrat, man kann ihm aber keine größeren Erfolge zuschreiben. Die englische Bwegung hat die Arbeitsteilung zwischen leitendem Geschäftsmann (manager) und genossenschaftlichem Unternehmer (committee of management) rechtlich schärfer herausgebracht, ohne damit die genossenschaftliche Unternehmerfunktion sachlich besserzustellen. Ich vermag mich daher Hans Müllers Ausführungen in seinen „Genossenschaftlichen Entgleisungen" über den Gegensatz zwischen Geschäftsführern und Genossenschaftlern nicht anzuschließen. Infolge dieser Schwäche des genossenschaftlichen Aufsichtsrates muß der berufliche Geschäftsführer Geschäftsmann und Genossenschaftler sein. Ich sehe also in der Schaffung besoldeter Präsidenten und anderer Ausschußmitglieder in England keine wirkliche Weiterbildung. Der Kern der Frage ist nicht, ob die Ausschußmitglieder genügend Zeit haben, sondern ob sie zur rechten Zeit die Umschulung, die mit dem Übergang vom Arbeiter zum genossenschaftlichen Unternehmer verbunden ist, erfahren haben. Erfordert so die Eigenart des genossenschaftlichen Aufsichtsrates unbedingt die Verbindung genossenschaftlicher und geschäftlicher Funktionen bei dem hauptberuflichen Leiter der Genossenschaft, so verlangt diese Stärkung seiner Stellung ebenso wie die Stärke der Stellung des Gewerkschaftsführers ein Gegengewicht in der Mitgliedschaft. In beiden Fällen hat sich der Leiter aus der Masse auf Grund seiner besonderen Qualitäten über sie erhoben. In beiden Fällen hat er besondere Betriebsinteressen, die nicht immer mit den Mitgliederinteressen parallel gehen müssen. In beiden Fällen muß daher ein stärkeres geistiges Leben in den Organisationen geschaffen werden. Es muß eine Schicht von Arbeiter-Intellektuellen entstehen, die ihren Mangel an spezifischer Praxis durch theoretische Bildung und die Fähigkeit des Vergleichs mit anderen Arbeitsgebieten und anderen Organisationen ausgleichen kann. Der Konsumgenossenschaftsbewegung würde dies noch leichter fallen als den Gewerkschaften; denn sie zählt zu ihren Mitgliedern viele Intellektuelle. Diese zur praktischen Arbeit mit heranzuziehen, ist dringend nötig, erfordert aber eine Umstellung der Kleinarbeit auf möglichste Arbeitsersparnis. Dr. Hans Müller, der verdienstvolle frühere Sekretär des internationalen Genossenschaftsbundes, machte in den „Sozialistischen Monatsheften" 1922 den Vorschlag, die Gewerkschaften zum Unterbau der Konsumgenossenschaften, zu ihren Wahlkörpern zu machen. Wenn Müller auch ein Autor ist, der stets Beachtung verdient, und die Ungelöstheit des Problems, wie man ein neues Arbeitsverhältnis schaffen kann, derartige Lösungen naheliegt, so scheint mir diese doch dem Wesen der Genossenschaft zu widersprechen.

Die Konsumgenossenschaften müssen im Interesse ihrer geschäftlichen Entwicklung versuchen, die Schwäche ihrer Unternehmervertreter auszugleichen. Wenn man aber die Elite der Arbeiterschaft und die sozialistischen Intellektuellen für dauernde Mitarbeit in der Bewegung gewinnen will, so muß man ihnen ein Ziel zeigen, das sie anzieht. Der Zentralverband wird ebenso wie der Reichsverband durchaus von den Geschäftsführern getragen; unter diesen sind Persönlichkeiten, die nach Initiative, Organisationstalent, geschäftlicher Leitung durchaus auf allgemeine Beachtung Anspruch hätten; aber es sind nur wenige unter ihnen, die die handelswirtschaftliche und volkswirtschaftliche Literatur irgendwie verfolgen, noch weniger, die literarisch tätig sind. Der Zentralverband hat es trotz seines — wenn auch unorganisierten, so doch großen — Erfahrungsaustausches innerhalb der Bewegung noch nicht einmal verstanden, für die handels- und organisationstechnischen Fragen der Bewegung in ihr ein geistiges Leben zu schaffen, von planmäßiger Verbindung mit der handelswissenschaftlichen Forschung völlig abgesehen. Darüber hinaus zeigt die Bewegung eine gewisse Enge der Auffassung und des Gesichtskreises. In Gedankenwelt und Lebensweise haben die Kreise, mit denen sie in Konkurrenz und in

Geschäftsverbindung stehen, doch ein wenig abgefärbt. Dazu kommt, daß die Rückvergütung eine durchaus individualistisch orientierte Bindung des Mitgliedes an seine Genossenschaft bedeutet. Sie hat in Deutschland nur in einzelnen Teilen mit älterer Bewegung schädlich gewirkt (Dividendenseuche); aber sie konnte den großen Zug nicht bringen, den die Bewegung nötig hatte. Wie wichtig dieser ist, zeigt allein der Vergleich der konsumgenossenschaftlichen Entwicklung in Hamburg und in Leipzig. Dort der Wille zur Gemeinwirtschaft in der gesamten Mitgliedschaft und damit der beispiellose Aufschwung; hier eine glänzende Grundlage durch einen besonders begabten kaufmännischen Organisator geschaffen, der aber das Mitleben der Mitgliedschaft fehlt, eine recht langsame Weiterentwicklung. Die englische Konsumvereinsbewegung hat als Ideeninhalt von den christlichen Sozialisten die Produktivgenossenschaftsidee bekommen (die Owenschen Pläne der Rochedaler wirkten nicht lange). Nachdem die Ideen der christlichen Sozialisten durch ihren praktischen Mißerfolg diskreditiert waren, hat sie es nie verstanden, eine Theorie aufzubauen. Sie suchte die Mitglieder mit einem unklaren Genossenschaftsidealismus zu erfüllen und konnte damit natürlich in ähnlicher Weise wie die Temperenzlerbewegung oder etwas Ähnliches nur einen kleinen Teil völlig erfassen. Die deutsche Bewegung hat diesen Fehler stets klug vermieden; nachdem aber der große Schwung um die Jahrhundertwende seine Wirksamkeit verloren hatte, war sie doch stark negativ auf Wahrung der Neutralität eingestellt; sie suchte ihre positiven Theorien in Ideen über die Abschaffung des Profites, betonte sehr, daß sie keinen Handel treibe, sondern für den gemeinsamen Bedarf eingekaufte Waren verteile, und stellte sich damit auf Gedankengänge ein, die bei den Massen keine Begeisterung erwecken konnten. Sie bemühte sich mit Recht, die Mittelschichten der Angestellten- und Beamtenschaft zu erfassen; aber sie verstand es nicht, diese Schichten mit dem Ideal der genossenschaftlichen Gemeinwirtschaft zu durchdringen. Mit den Rochedaler Prinzipien, so richtig und nützlich sie auch waren, konnte man das nicht erreichen. Den großen moralischen Impuls hätte man nur finden können, wenn man sich als Weg zur Schulung der Massen zur Beherrschung des Wirtschaftslebens empfand. Die Propagierung derartiger Gedankengänge unterblieb, und so fehlte der Bewegung das große geistige Leben in der Mitgliedschaft. Darüber hinaus fehlte ihr sogar ein reges Leben unter den Trägern des Zentralverbandes, den Geschäftsführern, die sich viel zu stark auf die Wahrnehmung der Interessen ihres eigenen Vereins beschränkten. Man empfand wahrscheinlich diesen Mangel an Impulsen in der Bewegung, empfand, daß diese damit gegenüber dem privaten Gesellschaftsbetrieb in ihrer Unternehmerenergie geschwächt war, und suchte diese Schwächung durch die Propaganda für die genossenschaftliche Treue auszugleichen. Immer wieder wurde den Massen gepredigt, sie müßten unter allen Umständen ihrem Verein die Treue wahren und sich nicht durch Tagesvorteile bestechen lassen, bei der Konkurrenz zu kaufen. In dieser engen Verbindung der Mitglieder mit ihrem eigenen Geschäft hatten die Konsumgenossenschaften in der Tat einen erheblichen Aktivposten gegenüber der Konkurrenz. Aber doch einen Aktivposten, den der nüchterne Kritiker nicht mit reiner Freude buchen wird; er verringert die erzieherische Wirkung der Konkurrenz, ist ein Werkzeug der Verteidigung und keine Steigerung der Aktivität.

Dieser Mangel an einem starken Eigenleben der Massen, diese Beschränkung des Geisteslebens der Bewegung auf eine kleine Zahl beruflicher Träger, die, wie es scheint, in der ganzen europäischen Konsumvereinswelt zu beobachten ist, hatte weiter zur Folge, daß die Öffentlichkeit sich für die Konsumvereine wenig interessierte und von ihnen kaum Notiz nahm. Auch hier ein deutliches Manko des Unternehmers „Masse“, der nicht verstand, seine stärkste Eigenschaft, nämlich die Zahl, in die Wagschale zu werfen. Dieses mangelnde Interesse der Öffentlichkeit ist bei Steuer- und Rechtsfragen und vor allem in der Kriegswirtschaft von großer praktischer Bedeutung für die Bewegung geworden.

Im ganzen zeigt sich, daß die Bewegung trotz der deutlichen Wirkungen der Massenschulung zu stark von dem Zufall abhängig ist, für die wichtigen Posten Menschen mit besonderer kaufmännischer Begabung und Initiative zu finden. Daß als Unternehmeransporn bei ihr der Wille, ein großes Unternehmen aufzubauen, zu bedeutsam ist gegenüber dem Massenwillen.

Was ist geschäftlich geleistet worden? Es sollen hier nicht die Grenzen der Konsumvereinsbewegung festgestellt werden; auf diesem Gebiete ist manches geschehen, was falsche Resultate gab und die Praktiker unnütz verärgerte, sondern es soll nur geprüft werden, was tatsächlich erreicht ist. Der Bedarf der Massen und teilweise auch der größerer Teile des Mittelstandes ist in erheblichem Umfange zusammengefaßt worden. Im wesentlichen der tägliche Bedarf. Etwas weniger der periodische Bedarf. Aber für etwas größere Gebiete, z. B. Provinzen, stellen Prozentsätze von einem Drittel bis zur Hälfte organisierter Konsumenten noch immer außerordentlich günstige Verhältnisse dar. Die Eigenproduktion hat bei den fabrizierten Lebensmitteln recht erhebliche Fortschritte gemacht; sie ist wohl am stärksten entwickelt bei den Backwaren und zeigt hier trotzdem noch als Konkurrenz eine Fülle von Zwergbetrieben. Die Herstellung von Kleidung in der Eigenproduktion bleibt dahinter erheblich zurück. In vielem anderen handelt es sich überhaupt erst um Anfänge. Die Konsumgenossenschaft ist **das** Konsumentenkartell. Aller anderer Zusammenschluß der Konsumenten kann nie die Bedeutung haben wie die genossenschaftliche Zusammenfassung des Bedarfes. Wie groß ist der Einfluß dieses Konsumentenkartells auf die Produktenkartelle? Vorderhand recht gering. Die erfolgreichen Kämpfe (Markenartikelkampf in Deutschland, Seifenkartellkampf in England) sind nicht sehr zahlreich. Um so zahlreicher gerade in den letzten Jahren die Klagen der Konsumgenossenschaft über ihre Schikanierung durch Kartelle und Konventionen.

Wie schaut es nun in dem eigentlichen Arbeitsgebiet der Konsumgenossenschaften aus? Sie waren als Großbetrieb dem kleinen Konkurrenten überlegen, aber nicht restlos (s. Fleisch und Kleingebäck). Sie waren im ganzen wohl dem Großbetrieb geschäftlich und organisatorisch gleichwertig und litten ihm gegenüber höchstens unter ihrer stärkeren sozialpolitischen Belastung. Sie waren jedoch im ganzen wenig auf systematische, wissenschaftliche Ausbildung ihrer Organisation gestellt, ziemlich stark dagegen auf die einzelne Persönlichkeit, die der Zufall auf einen wichtigen Posten gebracht hatte.

Die Steigerung der Produktivität der Wirtschaft hat den Konsum und damit die Handelsmöglichkeiten außerordentlich vermehrt. Dieses trat am deutlichsten dort zutage, wo rasche Industrialisierung große Menschenzusammenballungen verursachte. Die Konzentration der neuen Kaufkraft in diesen Gebieten forderte die kapitalistische Organisation des Einzelhandels hier geradezu heraus. In sie teilten sich die Konsumgenossenschaften mit dem Großdetailisten, ohne daß für die Ausbildung dieser Konkurrenz und ihr Fehlen in vielen Gegenden klare Grundlinien zu erkennen sind. Die bisherige Entwicklung scheint vielfach vom Zufall abhängig zu sein. Man muß mit einer planmäßigen Stärkung und einem planmäßigen Einsetzen der Großfilialkonkurrenz gegen die Konsumvereine rechnen. **Der** Kampf um ihre Leistungsfähigkeit steht ihnen hier noch bevor; dabei wird der Volkscharakter eine große Rolle spielen; aber die Entscheidung, ob der Konsumverein ein Zufallsprodukt aus dem Zusammentreffen von industriellem Aufstieg und damit verbundenem Wachstum des Handels und Organisationsbedürfnis der Arbeitermassen ist oder darüber hinaus wirklich der Beginn einer grundsätzlichen Umbildung des Wirtschaftslebens, wird hier fallen. Diesen Entscheidungskampf kann man nicht führen mit „genossenschaftlicher Treue“, „Abschaffung des Profites“ und dem Betriebsinteresse, sondern nur mit dem Willen zur Wirtschaftsführung durch die Kreise, die bisher geführt worden sind.

Die Konsumgenossenschaften sind die wichtigste Organisation der Arbeiter, Angestellten und ähnlichen nicht kapitalistisch orientierten Schichten zur Heranbildung und Ausbildung dieser Kreise für eine ernsthafte Mitarbeit an der Wirtschaftsregelung und für Eingriffe der Gesamtheit in das Wirtschaftsleben. Sie zeigen, daß die üblichen Vorwürfe gegen die Gemeinwirtschaft, ihren Geschäftsführern fehle infolge des mangelnden eigenen Interesses die Initiative, unberechtigt sind. Der Wettbewerb, der aus dem Betriebsinteresse hervorgeht, ist hierfür ein voller Ersatz. Es fehlt ihnen die regulierende Unternehmertätigkeit des kapitalistischen Gesellschaftsunternehmens gegenüber der Geschäftsführung in ziemlichem Maße. Da sie der sachkundige Vertreter von Konsumenteninteressen sind, wäre jedes Überwiegen der Betriebsinteressen über die Aufgaben von besonderer Gefahr. Das Gegenmittel ist nur in der Schaffung einer Arbeiterintellektuellenschicht zu erblicken, die viel stärker als die heutigen Aufsichtsräte in der Lage ist, gegen die überragenden Fähigkeiten der beruflichen Leitung das Gesamtinteresse durchzusetzen, wo es dem Interesse der Leitung widerspricht. Auch dieses Arbeiterintellektuellentum , das mit den intellektuellen Mittelschichten zusammenarbeiten muß, wird sich ebenso wie diese für die Genossenschaft nur dauernd interessieren können, wenn es das Bewußtsein hat, daß sie der Prüfstein für die Fähigkeiten der Arbeitnehmerschichten zur Wirtschaftsführung ist.

Der Weg ist vorgezeichnet. Ob er begangen wird, werden die nächsten zehn Jahre deutscher Entwicklung nach Wiederherstellung eines normalen Wirtschaftslebens zeigen. Die deutsche Bewegung ist trotz ihrer Jugend berufen, die Führung im internationalen Kampfe um die Zukunft der Konsumgenossenschaftsbewegung zu übernehmen.

FSC
www.fsc.org
MIX
Papier | Fördert
gute Waldnutzung
FSC® C083411

Kolibri 360 GmbH
Ferdinand-Jühlke-Straße 7
99095 Erfurt, Deutschland
produktsicherheit@kolibri360.de

Druck:
CPI Druckdienstleistungen GmbH
im Auftrag der
Kolibri 360 GmbH
Ferdinand-Jühlke-Str. 7
99095 Erfurt